现代科学先驱

牛顿

王金锋 编著

辽海出版社

图书在版编目(CIP)数据

现代科学先驱牛顿 / 王金锋编著.—沈阳：辽海出版社，2017.5
ISBN 978-7-5451-4120-7

Ⅰ.①现… Ⅱ.①王… Ⅲ.①牛顿(Newton，Issac 1642-1727)-传记 Ⅳ.①K835.616.11

中国版本图书馆 CIP 数据核字(2017)第 135865 号

责任编辑：孙德军　丁　雁
封面设计：李　奎

出版者：辽海出版社
　地　址：沈阳市和平区十一纬路 25 号
　邮　编：110003
　电　话：024-23284381
　E-mail：dszbs@mail.lnpgc.com.cn
　http://www.lhph.com.cn
印刷者：北京一鑫印务有限责任公司
发行者：辽海出版社

幅面尺寸：155mm×220mm
印　张：14
字　数：218 千字

出版时间：2017 年 7 月第 1 版
印刷时间：2017 年 8 月第 1 次印刷
定　价：29.80 元

《世界名人传记文库》编委会

主　编	游　峰	姜忠喆	蔡　励	竭宝峰	陈　宁	崔庆鹤
副主编	闫佰新	季立政	单成繁	焦明宇	李　鸿	杜婧舟
编　委	蒋益华	刘利波	宋庆松	许礼厚	匡章武	高　原
	袁伟东	夏宇波	朱　健	曹小平	黄思尧	李成伟
	魏　杰	冯　林	王胜利	兰　天	王自和	王　珑
	谭　松	马云展	韩天骄	王志强	王子霖	毕建坤
	韩　刚	刘　舫	宫晓东	陈　枫	华玉柱	崔　武
	王世清	赵国彬	陈　浩	芝　罘	姜钰茜	全崇聚
	李　侠	宋长津	汪　裴	张家瑞	李　娟	拉巴平措
	宋连鸿	王国成	刘洪涛	安维军	孙成芳	王　震
	唐　飞	李　雪	周丹蕾	郭　明	王毓刚	卢　瑶
	宋　垣	杨　坤	赖晖林	刘小慈	张家瑞	韩　兆
	陈晓辉	鲍　慧	魏　强	付　丽	尹　丛	徐　聪
	主勇刚	傅思国	韩军征	张　铧	张兴亚	周新全
	吴建荣	张　勇	李沁奇	姜秀云	姜德山	姜云超
	姜　忠	姜商波	姜维才	姜耀东	朱明刚	刘绪利

冯 鹤	冯致远	胡元斌	王金锋	李丹丹	李姗姗
李 奎	李 勇	方士华	方士娟	刘干才	魏光朴
曾 朝	叶浦芳	马 蓓	杨玲玲	吴静娜	边艳艳
德海燕	高凤东	马 良	文 夫	华 斌	梅昌娅
朱志钢	刘文英	肖云太	谢登华	文海模	文杰林
王 龙	王明哲	王海林	台运真	李正平	江 鹏
郭艳红	高立来	冯化志	冯化太	危金发	仇 双
周建强	陈丽华	叶乃章	何水明	廖新亮	孙常福
李丽红	尹丽华	刘 军	熊 伟	张胜利	周宝良
高延峰	杨新誉	张 林	魏 威	王 嘉	陈 明
总编辑	马康强	张广玲	刘 斌	周兴艳	段欣宇	张兰爽

总　序

  我们每个人心中都有自己崇拜的名人。这样可以增强我们的自信心和自我认同感，有益于人格的健康发展。名人活在我们的心里，尽管他们生活在不同的时代、不同的国度、说着不同的语言，却伴随着我们的精神世界，遥远而又亲近。

  名人是充满力量的榜样，特别是当我们平庸或颓废时，他们的言行就像一触即发的火药，每一次炸响都会让我们卑微的灵魂在粉碎中重生。

  名人带给我们更多的是狂喜。当我们迷惘或无助时，他们的高贵品格就如同飘动在高处的旗帜，每次招展都会令我们幡然醒悟，从而畅快淋漓地感受生命的真谛。只要我们把他们视为精神引领者和行为楷模，就会不由自主地追随他们，并深刻感受到精神的强烈震撼。

  当我们用最诚挚的心灵和热情追随名人的足迹，就是选择了一个自我提升的最佳途径，并将提升的空间拓展开来。追随意味着发现，发现名人的博大精深，发现时代赋予我们的使命，发现最真实的自我；追随意味着提升，置身于名人精神的荫蔽之下，我们就像藤蔓一般沿着名人硕大粗壮的树干攀援上升，这将极大地缩短我们在黑暗中探索的时间，从而踏上光明的坦途。

不要说这是个崇尚独立思考的年代，如果我们缺乏敬畏精神，那么只能让个性与自由的理念艰难地生长；不要说这是个无法造就伟人的年代，生命价值并不在于平凡或伟大。如果在名人的引领下，读懂平凡世界中属于自己的那本书，就能够成为最好的自己。

名人从芸芸众生中脱颖而出，自有许多特别之处。我们追溯名人成长的历程，虽然每位人物的成长背景都各不相同，但或多或少都具有影响他们人生的重要事件，成为他们人生发展的重要契机，并获得人生的成功。

名人有成功的契机，但他们并非完全靠幸运和机会。机遇只给有准备的人，这是永远的真理。因此，我们不要抱怨没有幸运和机遇，不要怨天尤人，我们要做好思想准备，开始人生的真正行动。这样，才会获得人生的灵感和成功的契机。

我们说的名人当然是指对世界和人类做出突出贡献的伟大人物，他们包括著名的政治家、军事家、发明家、文学家、艺术家、思想家、哲学家、企业家等。滚滚历史长河，阵阵涛声如号，是他们，屹立潮头，掀起时代前进的浪花，浓墨重彩地描绘着人类的文明和无限的未来，不断开创着辉煌的新境界和新梦想，带领我们走向美好的明天。

政治家是指那些在长期政治实践中涌现出来的具有一定政治远见和政治才干、掌握权力，并对社会发展起着重大影响作用的领导人物。军事家是指对军事活动实施正确指引或是擅长具体负责军事行动实施的人，一般包括战略军事家和战术军事家。

政治家、军事家大多充满了文韬武略，能够运筹帷幄，曾经叱咤风云，纵横天地，创造着世界，书写着历史，不断谱写着人类的辉煌篇章，为人们留下了许多宝贵的精神财富和物质财富。

科学发明家是指专门从事科学研究和发明，并做出了杰出贡献的人士。他们从事着探索未知、发现真相、追求真理、改造世界和造福人类的大学问。他们都有献身、求实、严谨和持之以恒的精神，都具有一颗好奇心。从好奇心出发，他们希望探知事物规律，具有希望看到事物本质一面的强烈意识与探索激情。还有就是他们都有恒心，他们在科学研究中不断努力，努力，再努力，锲而不舍，具有永不止步的追求精神。

文学家是指以创作文学作品为自己主要工作的知名人士和学者等。其中，诗人是指诗歌的创作者，小说家指小说创作者，散文家指散文创作者，而文学家则是指在诗歌、小说、散文、戏剧等各种文学体裁领域均取得一定成就的创作者，他们是人类精神财富的创造者。

艺术家是指具有较高审美能力和娴熟创作技巧并从事艺术创作劳动而具有一定成就的艺术工作者。进行艺术作品创作活动的人士，通常指在绘画、表演、雕塑、音乐、书法及舞蹈等艺术领域具有比较高的成就，并具有了一定美学造诣的人。他们是生活中美的发现者和创造者，极大地丰富着我们的生活。

哲学家、思想家是指对客观现实的认识具有独创见解并能自成体系的人士。思想主要是用言语和符号来表达的，而致力于研究思想并且形成思想体系的人就是哲学家、思想家。他们用独到的思想解决生活中遇到的问题，且在此过程中逐渐认识自我与宇宙，以此解决人们思想认识上矛盾迷惑的问题。他们是我们人类灵魂的工程师，塑造着我们的人格，探讨所有人类重要的问题和观念，并创造出一种思考和思想的能力，闪烁着智慧的光芒，照耀着人类前进的步伐，推动着人类思想和精神不断升华，使人类不断摆脱低级状态，不断走向更高境界。人是有思想和精神的高级动物，因此，哲学家和思想家是人类不可或缺的，是我们人类的伟大导师。

企业管理家是最直接创造财富的人。他们创造物质财富，推动社会不断进步，使得人们更加幸福。财富虽然只是一个象征，但它与人们的生活、国家的发展、民族的强盛等息息相关。企业家也创造巨大的精神财富，他们在追求财富过程中所表现出来的创新、冒险、合作、敬业、学习、执著、诚信和服务等精神，是我们每一个人学习的榜样。

我们追踪这些名人成长发展过程中的主要事件，就会发现他们在做好准备进行人生不懈追求的进程中，能够从日常司空见惯的普通小事上，碰撞出思想的火花，化渺小为伟大，化平凡为神奇，从而获得灵感和启发，获得伟大的精神力量，并进行持久的人生追求，去争取获得巨大的成功。

影响名人成长的事件虽然不一样，但他们在一生之中所表现出来的辛勤奋斗和顽强拼搏的精神，则大同小异。正如爱迪生所说："伟大人物最明显的标志，就是他们拥有坚强的意志，不管环境怎样变化，他们的初衷与希望永远不会有丝毫的改变，他们永远会克服一切障碍，达到他们期望的目的。"

爱默生说："所有伟大人物都是从艰苦中脱颖而出的。"因此，伟大人物的成长也具有其平凡性。正如日本著名歌人吉田兼好所说："天下所有伟大人物，起初都是很幼稚且有严重缺点的，但他们遵守规则，重视规律，不自以为是，因此才成为名家并进而获得人们的崇敬。"所以，名人成长也具有其非凡之处，这才是我们应该学习的地方。

英国著名哲学家培根说："用伟大人物的事迹激励青少年，远胜于一切教育。"为此，本套作品荟萃了古今中外各行各业最具有代表性的名人，阅读这些名人的成长故事，探知他们的人生追求，感悟他们的思想力量，会使我们从中受到启迪和教育，让我们更好地把握人生的关键，让我们的人生更加精彩，生命更有意义。

简 介

艾萨克·牛顿（Isaac Newton，1643—1727），英国伟大的数学家、物理学家、天文学家和自然哲学家，其研究领域包括物理学、数学、天文学、神学、自然哲学和炼金术。

牛顿于1643年1月4日生于英格兰林肯郡格兰瑟姆附近的伍尔索普村。18岁进入英国剑桥大学三一学院，22岁获文学学士学位。

随后两年在家乡躲避鼠疫，他在此间制定了一生大多数重要科学创造的蓝图。1667年牛顿回剑桥后当选为剑桥大学三一学院研究员，次年获硕士学位，1669年获得剑桥大学卢卡斯数学教授职位。

1696年，牛顿任皇家造币厂监督，并移居伦敦。1703年任英国皇家学会会长。1706年受英国女王安娜封爵。在晚年，牛顿潜心于自然哲学与神学的研究。

1727年3月30日，牛顿在伦敦病逝，享年84岁。

牛顿的主要贡献是发明了微积分、万有引力定律，创建了经典力学，发现了光的色散原理，设计并实际制造了第一架反射式望远镜等，被誉为人类历史上最伟大、最有影响力的科学家。

牛顿的代表作品《原理》是第一次科学革命的集大成之作，被认为是古往今来一部伟大的科学著作，它在物理学、数学、天文学和哲学等领域都产生了巨大影响。

牛顿是一位杰出的天才。在他以前和以后，都还没有人能像他那样决定着西方的思想、研究和实践的方向。他讨论问题及处理问题的方法，至今仍是大学数理专业中教授的内容。

牛顿在《原理》一书中对万有引力和三大运动定律进行了描述。这些描述，奠定此后三个世纪里物理世界的科学观点，并成为现代工程学的基础。

爱因斯坦说过："至今还没有可能用一个同样无所不包的统一概念，来代替牛顿关于宇宙的统一概念。要是没有牛顿明晰的体系，我们到现在为止所取得的收获就会成为不可能。"

为了纪念牛顿在经典力学方面的杰出成就，"牛顿"后来被定为衡量力大小的物理单位。

目　录

一个顽强的小生命	001
喜欢观察自然现象	006
私塾的学习生活	010
勤于动手的制作家	014
改造日常生活用具	019
意识到自己并不弱	022
对功课产生浓厚兴趣	026
对药品配置实验着迷	029
享受动手实践的愉悦	032
试制精美的小风车	036
沉迷于知识的海洋	040
对农活不感兴趣	047
重新进中学学习	050
纯真无瑕的感情	052
上学路上偶遇绅士	057
喜欢思索的自费生	061
幸运结识巴罗教授	066
勤奋思索大胆实验	071
废寝忘食地学习	075
影响至深的师友	079
思念故乡的亲人	083

创立微积分理论	087
苹果落地的启示	090
首制反射式望远镜	096
坚守岗位搞科研	101
接受数学教授一职	104
如痴如醉研究科学	107
成为皇家学会会员	110
力荐有贡献的新人	116
在光学上的成就	120
与科学家哈雷会面	125
完成科学著作《原理》	128
关于著作权的论战	134
对天体进行观测	138
《光学》出版发行	143
理性涉足炼金实验	149
被选为国会新议员	156
出色的皇家协会会长	161
攻克各种科学难关	167
建立经典力学体系	171
简单的个人生活	176
发明权的争论风波	182
乐于搞慈善捐赠	191
保持谦逊的品质	194
终生维护宗教信仰	199
牛顿对中国的影响	204
附：年谱	210

一个顽强的小生命

在英国的最北部,有一个叫伍尔索普的美丽小村庄。

那里有美丽的河谷,有清澈的泉水,有如茵的草地,还有衣着朴素的农妇和一群追逐嬉戏的孩子。

它远离喧嚣的都市,风光恬静而秀美,只有远处教堂传来的钟声,偶尔会打破小村庄的宁静。

1643年1月4日,这天刚好是圣诞夜,天虽然还没亮,可伍尔索普小村庄已笼罩在一片祥和的欢乐之中。

在这个日子里,又有一个生命发出了他人生的第一声啼哭,不过这声音很微弱,因为这是一个早产的婴儿,孩子的身体虚弱、瘦小,显得那么无力。

孩子的妈妈望着怀中瘦弱的小生命,不禁心疼起来。她想起三个月前去世的丈夫,伤心地流下了热泪。邻妇丽莎看到她伤心的情形,不禁一阵心酸,便安慰道:

"汉娜,不要太难过了,上帝会保佑这个孩子的,他一定会平安无事的。"

"不过，丽莎，我还是放不下这颗悬着的心！"

被叫作汉娜的妇女哽咽着说。

"不用担心了，她们一定会把药拿回来的。"

丽莎虽然说不急，可心里却着急得很。她在房间里来回地踱着步，还不时地探头到窗外望一望。

躺在床上的汉娜，此时想起了从前和丈夫并肩站在窗前观赏四季景色的美好时光。

"如果这孩子能平安地度过这段时光，我就给他取个和他父亲一样的名字，作为纪念。"

汉娜这样想。

她突然之间有了信心，相信这孩子一定会没事的，一定能活下来，到那时一定会和她站在窗前看风景，听她讲述父亲的故事。

时间在一分一秒地过去，却还没有看到那两个妇人回来。

丽莎小声地自言自语着什么，每隔几分钟就要朝窗外看看，看她们是否回来了，很长时间她都无法使自己平静下来。

这时，孩子的呼吸非常的急促，哭声也非常弱了。

丽莎等不下去了，她跑到屋外去看，突然惊叫起来，并高兴地跳起来，说：

"汉娜，汉娜，她们回来了！"

两位妇人及时地带回了两剂药，才使得这个将要离开人世的孩子活了下来。

汉娜那颗快要碎了的心，这个时候也平静下来了。她脸上现出了笑容，尽管很疲惫。她吻了吻孩子的额头，低声叫着"牛顿"。

牛顿出生的小村子伍尔索普位于林肯郡格兰瑟姆镇南面。在17世纪时，这里只有没落的庄园主留下来的一座荒芜的庄园和几十户农家。

伍尔索普小村处于山谷地带，土地肥沃，风光秀丽，周围山峦起伏，重峦叠嶂，保留着几分原始的自然景观。

威沙姆河缓缓地流过村旁，这条河流是全村人唯一的水源。

举目望去，到处都是随风摇曳的花草树木。

汉娜是个性格刚强的女子，她不仅很能干，而且吃苦耐劳。在牛顿刚出生不久，她就开始下地劳动了。

汉娜自己种了几亩地，同时，还养了好些牛和羊。

白天，汉娜要到地里去收拾那几亩地，一回到家里，就要忙着喂牲口，准备饲料，打扫牛栏、羊栏。同时还要忙着挤牛奶，然后拿到集市上去换几个钱。

当夜幕降临时，她便开始生火做饭。晚上，她还要为牛顿做衣裳，每天都要忙到很晚方能停止劳作。

到了第二天早晨，汉娜又照例开始了忙碌。

这样一来，牛顿就全靠外祖母照顾了。

外祖母是一个和善的老人，她对这个小外孙万分地疼爱。她每天都形影不离地带着孩子，对孩子的照顾简直比妈妈照顾得还要周全。

牛顿3岁的时候，有一天，在家里照顾他的外祖母正在帮着妈妈收拾家务，这时有人走了进来。

来人与外祖母寒暄之后，就提出来给汉娜做媒的事。来人说，邻近牧区的一个老牧师巴巴纳斯·史密斯托她来请求汉娜嫁给他。

老太太又是高兴又是忧虑。她的女儿再能干，也不能永远一个人支撑一个家啊！况且女儿才35岁，还很年轻漂亮，怎能忍心让她守一辈子寡呢？可是要是汉娜改嫁，祖孙二人的日子难过不说，牛顿还会在失去父爱的同时失去母爱。

汉娜从地里回来了，听说此事，当即表示反对。但在母亲的劝说下，她终于意识到自己已经无法硬撑下去了。

自从丈夫去世后，她遇到了各种预料到或意想不到的困难，都咬紧牙关挺过来了。她对自己说，不能垮下去，一定要坚持到底，一切都会过去，一切都会好起来的。可是这根绷紧的神经一旦受到冲击，便会很容易断裂。

那天晚上，熄灯躺下后，汉娜怎么也睡不着了。各种想法在其脑子里挥之不去，就好像是大坝决堤，洪水一发而不可收地涌了进来一样。

第二天傍晚，她的哥哥回来了。

汉娜想找哥哥商量，恰巧哥哥正是为此事而来。

原来史密斯牧师跟哥哥艾斯考夫牧师很熟，史密斯托他劝劝汉娜，并答应只要汉娜不带着孩子嫁过去，他愿意割让一块每年有50英镑租金收入的土地。

汉娜的哥哥说：

"有了这笔收入，再加上家里土地的收入，妈妈和牛顿就没什么后顾之忧了，你也不用再操劳一家的事，过这种捉襟见肘的生活了。"

"我听提亲的人说，"沉默了一会儿，汉娜的母亲接着说道，"史密斯牧师是个庄园主，以前的妻子没给他生下一个孩子。"

"是啊！"艾斯考夫说，"他现在年纪越来越大了，就盼着有个孩子。所以他希望汉娜早点嫁过去，汉娜嫁了他，今后就什么都不用愁了。"

"可是，我怎么能舍得扔下孩子不管呢？"汉娜无限伤感地说。

"孩子交给我你还不放心吗？我从他一出生就开始带着他，看着他从一个小可怜逐渐长成一个可爱的孩子，我跟他的感情比你跟他的还要深呢！别担心，我们什么都用不着你惦记，你要是想孩子，就常回来看看他。"汉娜的母亲说。

汉娜再也无话可说，她转过头看看牛顿，一串泪珠洒了下来。

1645年1月，汉娜与史密斯牧师结婚，并搬离了伍尔索普村。

妈妈走了，牛顿还不明白妈妈要去哪儿，不懂妈妈走的时候为什么要抱着他大哭。在他心目中，妈妈就像平时一样白天要出去，晚上就会回来了。然而，妈妈晚上没有回来，没有在他睡觉前温柔地亲一下他的额头。更让他失望的是，已经好几天见不到妈妈了，外祖母也不觉得着急。

牛顿想妈妈了。他跟外祖母要妈妈，外祖母只是含泪告诉他要听话，外祖母会好好照顾他。可是外祖母是外祖母，虽然她会照顾他，可他也需要妈妈呀。牛顿这时虽然还不懂事，但是，孤寂的日子他感受到了。他开始闹着要妈妈，外祖母只能陪着掉眼泪。

时间长了，牛顿知道妈妈不能再回来了，于是不再哭闹了。他一声不吭地干自己的事情，一玩就是几小时，好像忘记了一切似的。

从此以后，牛顿变得孤僻而倔强，平时很少说话，不爱笑，也不爱哭，遇事时表情漠然。他整天在一个地方托着下巴不吭声地沉思着，好像在想什么重大事情一样，有时则在一个地方发呆。

喜欢观察自然现象

等到牛顿再长大一点儿后,他就可以不用外祖母整天照料,经常自己跑出去玩了。

自然界的一切都令小牛顿分外着迷。有时他会跑到河边,去看静静流淌的河水,还有那在河水中随波逐流的树叶、花瓣等一些东西;有时他也会跑到树林中去。

牛顿对美丽而富于变幻的大自然越来越痴迷,他显得格外的兴奋,在大自然中,过着真正属于自己的生活。

本来朋友就少的牛顿,早已习惯了孤独。他其实根本就不想交任何朋友。

唯有外祖母是他身边最亲近的人,可是他觉得他脑海里的乐趣与幻想,是外祖母永远不会理解的东西。

牛顿喜欢独享他自认为有意思的生活,也许在别人眼里,他是个可怜的人,没人陪伴,老是独来独往。可是在他自己的内心世界里,那丰富多彩的世界总是如万花筒般地涌现出让他陶醉的景象。

牛顿不是在忍受孤独,而是在享受孤独。

四季的变换让牛顿单调的生活有了鲜活的色彩。

他时常在开满鲜花的田园里，与小鸟、蝴蝶快乐地嬉戏着，从中找到了童年的无限乐趣。

有时，牛顿会来到小树林里，在树影中，静静地躺下，然后天马行空地想上一会儿。

小树林里，有着清新的空气，一棵棵嫩绿的小树整齐地排列着，让人赏心悦目。一切都是那么静，让牛顿的思想都像要发出声音来了。

有时，牛顿还会来到垂柳掩映的小河边。

天气特别好的时候，会有闪亮的阳光洒在河面上。河水清澈见底，河底有许多鹅卵石，一些地方会长出漂亮的植物，还有像牛顿一样自由自在的鱼儿在游。

一天，牛顿忍不住下到河里去玩。

他拾起几块光洁的石头，又抓起几根水里的植物仔细欣赏起来。他是那么仔细地探究水生植物的奇妙形状，他还奢望能凭借一双小手抓到几条小鱼，想和小鱼交流。可是小鱼很不听话，它们并不想傻乎乎地和人有什么交流，它们更喜欢自己游来游去。

牛顿抓不到一条小鱼，可并不甘心。

他到小树林中找到一根比较直的长木棍，在一端系上一根结实的绳子，绳子的末端拴着一个牛顿自己做的弯钩。聪明的牛顿又抓来几条蚯蚓做鱼饵，把鱼饵挂在鱼钩上。

他把钓线甩到了河里，在岸边握着鱼竿静静地等待，睁大眼睛仔细地观察河里的动静。

半个多小时过去了，鱼竿还没有什么反应，牛顿觉得自己一直在屏着呼吸，他听到了蛙鸣声，听到了树叶摆动的声音。

鱼饵是不是已经被狡猾的鱼吃掉了？牛顿有些疑惑，但他终于还是没有动，他相信自己一定会钓上鱼来。

突然，鱼竿猛地一沉，牛顿一阵惊喜，一定有个贪吃的鱼儿上钩了。

牛顿兴奋地站了起来，握紧鱼竿，猛地往后一甩，一条中等大小的鱼就随之飞到了半空中，那鱼还在鱼钩上奋力挣扎呢！

牛顿好不容易才把活蹦乱跳的鱼从鱼钩上摘下来。那条鱼并不太大，可牛顿只是满足于自己劳动的第一个成果，并不在乎那成果有多大。

他心里充满了一种新奇的喜悦感，把小鱼放到一个小桶里，还来不及仔细观察这一条，就急着去捕捉更多更大的了。这一段时间，他只钓了三条鱼，可他还是兴奋极了。他欣喜地观察着那些小鱼，心想这下子你们可跑不了了，老老实实地让我瞧个够吧！

牛顿目不转睛地看着小鱼，那样好奇，那样入神，转眼已经过去了很长时间。

牛顿几乎忘了吃饭，后来他隐约听见了外祖母的呼唤声："艾萨克，艾萨克，该吃饭了！"

牛顿还没看够呢，可他还是听话地收拾起自己的东西，拎着水桶，回家去了。

牛顿也很喜欢动物。

有一次，他的朋友送给他一只狗和一只猫，牛顿收到礼物非常高兴。他无微不至地照顾着这两位新来的朋友，给它们弄了好多美味的食物，还给它们搭建了舒适的窝棚。

牛顿的天真也透露着孤独内向，正是孤独内向这个缺点影响了他和别人的交流。

再加上他所处的林肯郡，农耕家庭长久地过着简朴的生活，他们畏惧上帝，把生活重心放在阅读《圣经》和节制性欲上。在这样一种清教徒的家庭环境中长大，他更是养成了拘谨刻板的性格。

在周围人的眼中，牛顿就是这样一个孩子。

牛顿的妈妈在丈夫去世的悲痛之中不足月就生育了他。这个孩子不苟言笑、沉默寡言，也不喜欢和别的孩子在一起玩，习惯独来独往，一个人在林间、草地、河边四处游玩，人们经常见他默不作声地做着自己喜欢的事情。

幸好，童年孤苦的牛顿的生长环境是纯净的大自然，他的天性里又有着对大自然的无限热爱。

自然之子的这种内趋性性格与热爱大自然的天性结合起来，便又有了优势，那就是他能够，也希望去探究大自然的奥秘。

牛顿生长在大自然的怀抱中，经常观察自然现象，养成了勤于思考的习惯，凡事都想研究个明白，这种好奇心，为他日后的研究工作奠定了良好的基础。

私塾的学习生活

1649年,牛顿到了上学的年龄了,舅舅就把他送到了私塾学校,这个学校离伍尔索普村不远。在那里他将接受正规的教育,这所学校也给牛顿留下了很深的印象。

这所私塾学校规模不是很大,所学科目也不多,但却是实用的,科目包括读书、写字、算术三科。这是因为当时的人们,为了生活辛苦奔波,根本无法把孩子送到私塾去念书,而且除了少数的职业以外,对大多数人来说,根本用不到课本上的那些知识。

牛顿对学校感到陌生,又不免觉得好奇。在来到学校之前,他整天缠着外祖母问有关学校的问题:"外婆,我为什么要上学呢?"

"上学可以学到更多的知识呀!还可以让你交到很多很多的朋友呢!"

"快告诉我学校有哪些好玩的事,我现在就想到学校去!"

外祖母从来就没有上过学,她不知道学校里都有哪些好玩的事儿。过了片刻,她才绘声绘色地说:

"哦!学校里的老师会教你做许多手工艺品,比如风车、小车,还会教你钉最漂亮的木盒、玩具……"牛顿听到这些，高兴得不得了，这正是他想要的，正符合了他的心意，他带着兴奋的心情期待上学的日子早日来临。

但是，到了学校后，一切都变了，牛顿的幻想破灭了。私塾老师更不像他想象中的那么和蔼可亲，每天他手中都握着鞭子，时不时敲敲黑板，敲敲桌子，每个学生听到这些都不免心惊肉跳。而且，老师并不教人做风车、钉盒子，而是要人扳着指头数数儿，或到黑板上写那让人讨厌的字母。

牛顿对这些科目没有任何兴趣，非常厌烦，他所期待的好玩的事儿却没有一样，因而他对学校的生活也感到很失望，每天都要外祖母哄劝一阵之后才到学校。

有一天，在算术课上，老师突然问牛顿："牛顿，4加4等于几？"牛顿被老师突如其来地这么一问，还没有反应过来，脸上一阵红一阵白，以结结巴巴的声音回答说："8。"

"你确定是8吗？"老师故意反问他，并用鞭子使劲敲着桌子。牛顿听到鞭子敲打桌子发出刺耳的声音，心里一紧张，马上更正说：

"唔！唔！好像是9。"

"牛顿！到底是8还是9？"老师严厉的口气，把牛顿吓得脸色惨白，待在座位上，半天说不出话来。

"这么简单的问题都不会，真笨，真是一个笨蛋！"说着，老师举起鞭子往牛顿的屁股上打去，鞭子打得并不怎么痛，牛顿忍不住笑了起来。

可是，老师又使劲抽了两鞭子后，牛顿就开始哭起来，班上其他同学见到这个场面，都感到很惊讶，纷纷低声嘲笑他，使得牛顿羞愧得不敢抬头。

由于这次经历，再加上同学们的嘲笑，牛顿更加讨厌上学了。他认为上学还不如在家锯锯木头、钉钉板子好玩呢！

那天，牛顿放学后，高高兴兴地跑着跳着，突然他看到一辆漂亮的马车从面前疾驰而过，那马车漂亮至极，又非常精致，他目不转睛地欣赏着，直到马车消失于自己的视野范围。

"如果我有一辆自己的马车，我就可以乘着它到处游玩了。"牛顿不禁痴心妄想起来，"不！不！外婆没有那么多钱给我买马车！"

他想到这里，不禁摇了摇头，认为这种可笑的想法不会实现。但是，那漂亮的马车深深印在了他的脑海里，牛顿已经对它产生了迷恋，仍禁不住边走边编织着梦想：

"如果我有一辆小马车，如果我有一辆小马车……"突然，在他的脑际闪过一个念头："没有钱买马车，可以自己动手做呀！"

不错！何不自己动手做呢？

这个念头产生之后，牛顿就把它当成了一件大事。他立刻拔腿飞奔回家，把书本往桌子上一扔，喊了一声："外婆，我回来了。"

刚说完，就迅速地钻进了仓库里，搬出铁锤、锯子，"叮叮当当"地敲打起来。他把平日省下的零用钱，全部拿去买材料了。

接连几天，牛顿放学回家，就往仓库里钻。外祖母听到仓库里有响声，还以为是老鼠在捣鬼。于是，她拿起一根粗棒子慢吞吞地走向仓库。

推开仓库门后，外祖母举起的棒子便停在了半空中，随后外祖母就忍不住地笑了起来。她完全没料到，这个仓库里的大老鼠竟然是牛顿。

"我的孩子，你这几天在仓库做什么呀？是不是又要搞什么小制作？"外祖母试探着问牛顿。

牛顿高兴地跑过来，一把搂住了外祖母的腿，兴奋地嚷道：

"我要做一辆小马车，做一辆属于我自己的小马车。"

外祖母听了牛顿的话后，便把他搂进怀里。她心里很明白："牛顿长大了，懂事了，也知道怎样替大人着想了。他不向大人要钱买玩具，反而要自己动手做。他可真是个让人疼爱的乖孩子。"

"我的好孩子，外祖母来帮你好不好？"外祖母一面抚摸着牛顿的脸蛋，一面问道。

"好！外祖母你真好！"就这样，由于牛顿之前的努力，再加上外祖母的帮助，很快，做小马车用的木材和要用的工具就准备好了，牛顿几乎是废寝忘食，把所有时间都用在了制作小马车上。

功夫不负有心人，一个星期后，一辆精致的小马车完成了，这让牛顿感到很自豪。兴奋的牛顿蹦跳着去告诉外祖母：

"外婆！外婆！我的小马车做好了！我有了自己的小马车！"

看到仓库里精致的小马车，外祖母真有种说不出的满足，毕竟这是牛顿的杰作，小马车能带给牛顿快乐，而他的快乐正是外祖母的快乐呀！

"外婆！外婆！我们把小车推出去试一试吧！"

牛顿高兴地推着小马车，在前头跑着，外祖母便跟在他后面，和他一样兴奋。

祖孙俩把车子推到了附近的一个小山坡上。牛顿迅速坐到车子里，外祖母用力推了车子一把，车子就顺着山坡迎风滑下去。牛顿尽情地欢呼着：

"我有自己的小马车了！"

站在山坡上的外祖母更是开心地笑了。她再也合不上嘴了，甚至笑得满眼都是泪水。

虽然牛顿的童年生活贫穷、寂寞，但让他养成了独立思考、自己动手的好习惯。在许多人看来，他的童年不可能快乐，然而，他却创造了无尽的欢乐。这种欢乐也带给了他的外祖母。

勤于动手的制作家

在牛顿9岁那年,他的第一个发明就是制作了测量时间的仪器,这个仪器被称为"日晷"。

一天下午,他在院子里的一棵大树下乘凉。地上出现了一个很大的树影,看上去就像是一幅美丽的图画,牛顿觉得很有趣,便仔细观察着这个树影。

牛顿看得入了神,整整一个下午都待在这里,待太阳完全落山时,他已经在地上做了许多标记。

最后,他得出一个结论:树影的长短和太阳的位置有关。

那天夜里,牛顿为这些新发现而激动,久久不能入睡。第二天天刚亮,他又跑去看那个树影,用心研究起树影和时间的关系。

后来,牛顿找来一块石盘,拿来铁锤后,就开始在上面敲打起来。外祖母每次见到后,都问他做什么用,他总是向外祖母笑笑,一副神秘兮兮的模样。外祖母感觉挺奇怪的,也没有再多说什么。

这天,牛顿还是和以前一样,仍在院子里忙碌着。待完工后,拉着外祖母的手，要外祖母来看看自己的杰作。

外祖母指着石盘不解地问："这是什么东西呀？它有什么用处呀？"

"别看这个东西小，它可是测量时间的仪器。"牛顿就把自己测量树影的事告诉了外祖母，并且详细地讲述了他发明"时钟"的原理。

外祖母听后，连连称赞，她没想到小小年纪的牛顿，竟能做出这么精致的仪器。

"时钟"的原理是这样的：仪器的盘上刻上了许多刻度，这些刻度都是均匀的。盘的中心竖起一根细小的木棒。当太阳发出光芒时，把它放在太阳下面，太阳光照到上面，小木棒就会出现阴影，这样，根据小木棒的阴影就可以计算时间。那个时候人们并不知道什么钟表，人们只能用一些原始的方法来估计时间，一般用的计时器主要是"沙漏"，在上面的一个容器里面装上细沙，下面留有一个小孔，然后，沙就慢慢往下漏，这样就可以计算时间了。

牛顿认为这种沙漏不但制作粗糙，而且计时也不是很精确，所以就直接造了这个仪器。牛顿认为这个日晷计时的局限性和缺点也很多，仍然是一种原始的方法，也想着如何改造它。再后来，他又用与沙漏同样的原理，做了一个"水漏"。

这种水漏和中国古书上讲的水漏是相同的，不过牛顿的构思要先进一点儿。他不是在水漏下面的容器里标上刻度，用水位上升的高度来显示出时间，而是别出心裁地在上面容器装置的外面弄了一个大圆钟盘，钟盘的上面刻有时间标记，在钟盘的中心钻一个小孔，小孔上有钟轴，轴上有时针，也就是现代的钟面。钟轴有横杆和连杆同装置里面的东西连在一起，时针转动的力来自于下面容器上的浮板。当水滴下时，浮板会随着水的增高而升高，这样，浮板上面的连杆就会把动力传递给横杆、钟轴和时针。

水漏钟刚一出现，就受到了大家的好评，人们也由此更加看重这个不爱讲话的小男孩了，称他是个非常聪明的好孩子。

这个水漏钟，已显示出了现代机械装置的特性及动力的传递。但是，从现代科学的观点来看，牛顿的设计思想仍然是原始的，它没有科学原理的基础，而纯粹是一种智慧，一种"别出心裁"的制造！但那时的牛顿不过是个9岁的孩子，能做到这些已算"伟大"了。可见，童年和少年时代的牛顿，不是大家眼里的"神童"，也不是"呆子"。

早在6岁之前，牛顿就是个动手能力很强的孩子，这一点是不同于大多数别的孩子的，大多数时候他都试图把自己的幻想变成现实。

牛顿为了实现自己的梦想，便去找各种各样的工具。

渐渐地，他积累了许多小东西：小锤子、小锯子、小起子、小刨子等。他还他做了一个小工具箱，把它们整整齐齐地放在一起。

那把小锤子是邻居大叔送给他的。有一次，他看见邻居大叔在做木匠活，敲敲打打，那似乎很有节奏的声音把他吸引了过去。他站在旁边，瞪大眼睛仔细观察，有时又眨着闪亮的眼睛想想。这是一件多么有意思的事啊！许多巧妙的东西都是这样做出来的。

牛顿对此充满了兴趣。大人的世界对一个孩子来说，充满了诱惑力。也许那些玩"过家家"的孩子们也想体验这种参与到成人世界的快乐吧。

邻居大叔见牛顿这么专心，非常喜欢他。他对牛顿说："大叔就喜欢认真的孩子，大叔这里有一把旧的小锤子，送给你拿回去玩吧！你要用你的小脑瓜好好想想，怎样才能把小锤子用到正当的地方去。"

牛顿高兴极了，这把小锤子多有用啊。有了它，牛顿感觉自己像个大人了，而他也真像是一个小大人。他会经常拿起小锤子，把外祖母家的东西修一修。当他发现椅子"吱吱嘎嘎"响的时候，便会一声不响地把它钉牢;当他发现窗框松动了的时候,也会叮叮当当地敲上一阵。外祖母发现这些东西被修好的时候,总会欣慰地一笑,这让牛顿对制作更感兴趣,也让牛顿变得越来越懂事了。

有一天,牛顿又把自己的小工具箱搬了出来,把里面的东西全掏了出来。此外,他还弄来一大堆木板、木条、钉子、铁丝等,横七竖八地摆了一地。他充满了幻想和创造力,十分投入地做着各种现实中的和想象中的东西。

此时,外祖母走了进来,手里端着一盘点心和一杯水。她见牛顿没发现她,便轻轻地叫道:"孩子,歇会儿再玩,吃点儿点心吧。"

牛顿还是那么专注,似乎并没听到外祖母的话。外祖母饶有兴致地想看看他到底在做什么。可一地的东西,让外祖母连个下脚的地方都没有,老眼昏花的外祖母只好眯起她那双慈祥的眼睛,弯下腰,继续轻轻呼唤他。

终于,牛顿惊醒过来,看见外祖母那亲切的笑容,他指着手里的东西情不自禁地对外祖母大喊:"外婆,你看我做的是什么?"

平时遇到这种情况,外祖母总会鼓励牛顿,她会认真对待他的作品,从不把这些看作是小孩子的把戏,是不值得一看的破烂。外祖母心里十分清楚,牛顿失去了父爱和母爱,心里十分渴望被关怀和呵护。她要弥补他在这方面的缺陷,让他不会缺少爱。所以外祖母从不轻易批评他,更多的是表示欣赏,让他更有信心,更自由自在地去想象,去锻炼自己的能力。这样牛顿便在童年时有了比别人更大的发挥空间,他的思维和动手能力都得到了很好的锻炼。

外祖母说:"真不错啊!牛顿,告诉外婆它是什么吧!"

牛顿受到了鼓舞,便自信地给外祖母一样一样地讲起来。外祖母边听边笑,她着实为牛顿的聪明头脑感到高兴。牛顿说着说着,突然想起一件重要的事,他灵巧地跨过那些乱放的东西,跑到外祖母身边,拉着外祖母的胳膊,说:"外婆,外婆,给我买个锯吧!"

外祖母知道牛顿是个懂事的孩子，他不会轻易撒娇要东西的，但她还是想知道牛顿的目的。于是外祖母问他："你要锯干什么呢？"

牛顿说："你看，外祖母。我的工具就快全了，做活一定要用上锯的，不然很多木板都用不上。我想给您做一个杂物箱和一个小板凳，还想修您那辆坏掉了的手推车，没有锯总是做不好，合适的木板找不到，必须要用锯来锯断它们。"

外祖母觉得牛顿像个大孩子一样，老是替她着想。她这个小外孙和别的孩子不一样，将来也会比别的孩子有出息。

"好的，好的，外祖母会给你买的。"

牛顿兴奋得晚上都睡不着了，他躺在床上，幻想着把锯拿到手里的感觉，那是一个孩子心里的大事啊，得到那把锯，便是他生命中最重要的事了。牛顿把每个细节都想得清清楚楚：把那块太长的木板锯短，再用刨子把它刨平，其他几块光滑的小木板可以钉到四面，最后再用半块木板钉在上面，剩下的一半空处让外祖母做一块布帘蒙上。对了，小箱子要刷上漂亮的蓝色和白色，布帘也要用这种颜色的。

多漂亮！还有那个小板凳……想着这些开心的计划，牛顿不知不觉地睡着了，他的嘴角还挂着满意的笑容。

外祖母第二天从集市回来的时候，真的给牛顿带回了一把小锯，牛顿的梦境成真了，而且这盼望并没有耽搁太久。牛顿真的有点欣喜若狂了，他要让邻居大叔看看它，还要去跟大叔学习使用方法。

牛顿一溜烟跑过河上的一座小桥，跑到大树下面大叔的家。大叔见到牛顿，问他："牛顿，什么事这么高兴啊？"

"大叔，我终于有自己的锯了。"牛顿答道，"看，多漂亮的锯啊！"

那把普通的小锯因为是牛顿梦寐以求的第一把锯，在他的眼中，也许闪耀着魔杖一样的光芒吧！

改造日常生活用具

牛顿在学校里用功学习，放学后，他就飞奔到自己熟悉的大自然怀中。有时，他的某一件木匠活前一天没有完成，第二天白天他一有空就想一想制作的详细过程，放了学，他心里已经想得十分清楚了，直接跑回家去，按计划快速地把它做完。

牛顿把外祖母给他的零花钱都用于买钉子之类的东西上了，他还是那么喜欢做木匠活，而且随着他一天天长大，思维越来越复杂，做的东西也越来越有创造性了。以前他只是模仿着做一些桌椅板凳之类的家具，现在他在认真观察的基础上能设计改造一些用具了。

有一天，牛顿放学回到家，饭都没顾得上吃，就把自己关在屋子里忙活起来了。外祖母十分了解自己的小外孙，所以很晚的时候才把饭端到牛顿的房间，微笑着瞧他那幼稚而又专注的、一本正经的神情。

牛顿终于忙完了，他抬起头，见祖母正慈爱地看着他。他高兴地对她说："外婆，我把原来的旧手推车给你改成了四轮车，这样你再上集市买东西的时候就方便了。"

外祖母欣慰地笑了：这个聪明懂事的孩子，总能把问题看在眼里，记在心上。

学校里休息的时候，牛顿总愿意陪着外祖母到集市上去。以前他陪外祖母去的时候，发现有时东西买多了或是买了大件的东西总是不好拿回家，现在这个问题终于解决了。

牛顿给外祖母改造的四轮车，帮了外祖母的大忙。

这一次，他们特意买了很多需要的物品，用四轮车推了回来，路上的人见了都夸奖说这辆四轮车做得好，牛顿心里暗自得意。推到家的时候，连邻居家的大叔都夸他心灵手巧。

牛顿的成就感并没有使他得意忘形，反而鼓励了他，使他对手工制作更有兴趣了。他对自己充满了信心，他认为自己一定能做很多的东西，只要认真做，都能做成功。即使经历过失败，他也对结果有着积极的企盼。

受到成功做好四轮车的鼓舞，牛顿一直在考虑做一件更有意义的东西。

一天放学后，牛顿又照例跑到河边去玩。他发现威沙姆河那边有很多人，他好奇地去看发生了什么事。原来这些人正在安装一个大水车，那架水车很旧，也很笨重，大家好不容易才把它安好。

牛顿第一次见到这种水车，觉得很有趣，等到大家都走了，他就在那认真地观察起来。

第二天放学后，他又跑去观察。他发现这笨重的大家伙还能工作呢！村里的人把磨面机与水车连接起来，让水车带动磨面机，转眼面粉就磨好了。牛顿觉得很纳闷，这是怎么回事呢？他的小脑瓜又开动起来了，但他没有问别人，而是自己观察了一番。他发现，两个轮子一个转得快，另一个转得慢，而且两个轮子的齿数也不一样。他回家以后，还一直琢磨着这件事，第二天的课都没听好。

第三天傍晚，他又去观察，这一次，他听村民在议论："这架水车太破旧了，使用起来太费劲了。"

"是啊，用一回要费这么大的劲，真是不方便。"

听到这些话，牛顿突发灵感，他心想："怎样才能做个更好的水车呢？"

回到家以后，他就把自己的工具全都倒了出来，动手做起了水车来。开始他只是做了个比较像的模型，但它并不会转动。

第四天傍晚，牛顿去请教邻居大叔，大叔帮他检查了一下，告诉他应该怎样改正。牛顿如法炮制，果然做成了一个非常灵活的小水车。

牛顿想，我的小水车这样灵活，而村里的大水车却那么笨重，我要想办法把村里的水车变得小巧一些，这样就会让大家省力气了。

有了这样一个宏伟的计划后，牛顿干起活来更加有劲了，他一连几个晚上都在忙着这件事，拆了装，装了拆。失败了就好好研究一下失败的原因，不断地改进，最后他终于做成了一架轻便灵巧的小水车模型。

牛顿总是把作品第一个拿给外祖母看，她是牛顿作品的忠实欣赏者，她总是满足牛顿需要赞扬的欲望，也总是鼓励他。

这一次的作品让外祖母笑得合不拢嘴了，她觉得牛顿越来越有出息了。牛顿用扇子扇动小水车，小水车转动起来了。外祖母看着这精致的玩意儿，也爱不释手。

邻居大叔见到牛顿改进后的小水车，惊讶于他的心思和他善于思考的能力，把他的改进方法告诉了村里人，大家都很高兴，而且都没想到这个平日里十分腼腆、沉默寡言的小孩子，竟然这么聪明能干，真是让大家刮目相看。

意识到自己并不弱

同学们知道牛顿做了一架非常好的小水车,受好奇心的驱使,都想看一看。

牛顿平时虽然很少和大家交流,但他的内心还是有沟通愿望的,只是习惯成自然,少了说话的勇气。牛顿头一次受到大家的重视,心中不免很得意。

当天放学回家时,外祖母看出了他的异样,就问他:"牛顿,遇到什么高兴事儿,给外婆讲讲好吗?"

"没什么,外婆,有人想看看我的小水车。明天我要把它带到学校去。"牛顿高兴地说。

第二天,牛顿起了个大早,把自己的小水车擦得干干净净,又用一块干净的布把它包起来,带着它一起上学了。

班里的同学还没来几个,见到他把小水车带来了,赶紧围了过去。牛顿见到大家虔诚的表情,心里有了几分满足感,他小心翼翼地打开了小水车外面围着的布。

同学们立时惊叫起来:"哇,太漂亮了!"

"真的,没想到你的手这么巧!"

"真不敢相信！"

"是你自己做的吗？"

"当然了，"牛顿怕大家不相信他，有点激动，"我还做过许多东西呢！四轮车什么的，一般的东西我自己都会做。"

"那你会做房子吗？"

"会啊，但只能是模型，我能做个像教堂一样的木头小房子。"

大家脸上露出了羡慕的神色。这时，更多的同学来到了教室，也都围拢过来看，教室里一片赞叹声。

班里最霸道的一个孩子也来了，他见到班里从没出现过的壮观场面，有些惊讶。这个男孩子平日里总是欺负大家，尤其是一些弱小的孩子，他以为这样就可以控制大家。可今天，另外的人受到重视，他感到心里不平衡，尤其发现那人竟是平日里让人看不起的牛顿，更是壮了胆子，想找碴儿欺负他。正巧同学们在问牛顿："牛顿，你的水车能转吗？"

"当然能了。"牛顿用手转动了水车。

一个平时学习不错的学生卡特问他："你的水车为什么会转，能给我们讲讲其中的道理吗？"

牛顿一时语塞，这是一个他始料不及的问题，他回答不出来。"小霸王"抓住这个机会，上前按住水车，嘲笑地说："这么笨的人，怎么可能做出水车来呢？"

牛顿气愤极了，那是他自己精心制作的小水车呀！他要拿回自己的东西，然后像平时一样默默地回到自己的座位上去。

小霸王故意把小水车碰到地上，小水车摔碎了。牛顿禁不住大喊："你为什么弄坏我的小水车？"

小霸王是个大块头，比牛顿足足高了一头。他压根没把牛顿看在眼里，吼道："喊什么喊，谁把你的破水车弄坏了？"说着，他还朝牛顿的肚子上踢了一脚。

牛顿平时虽然老实，但还没有被小霸王找碴儿这样欺负过。这一次终于激起了牛顿倔强的性格。他发疯般地冲了过去，抡起一拳，重重地打在那个小霸王的脸上。他心里再也不用顾忌自己是否能打得过别人了，只想到自己一直积郁的闷气终于可以全部发泄出来了。

小霸王受了这一拳，锐气大减，他压根没料到牛顿会还手，这一下竟让他反应不过来了。就这样，瘦小的牛顿竟然把实力悬殊的男孩子打倒在地。

全班同学都惊呆了，暗暗叫好。因为平日里小霸王欺负众人，大家都是敢怒不敢言，更不敢还手去打他。今天，不起眼的牛顿与他交了手，开始时大家还替牛顿担心，怕他一时冲动，结果会不堪设想，都替他捏了一把汗。现在大家发现"小霸王"并不是不可征服的，禁不住一起大声欢呼起来。

牛顿压住小霸王，对他喊道："听着，你以后还敢不敢再欺侮我？"

小霸王气喘吁吁地说："不敢了，我再也不敢了。"

小霸王虽然生气，但胆量已减了大半，加上同学们的态度已倾向于牛顿，他自己已经是孤家寡人，自知无趣，便向牛顿求饶。

牛顿看到小霸王求饶，这才松开了手。他站起来看看周围，那充满怒火的眼神，倒把围观的同学吓了一跳：牛顿是欺侮不得的呀！你看！他多么高大！

这是牛顿有生以来第一次，也是最后一次打架，但这场架却改变了他的一生。从此他的性格逐渐得到了完善,原来那种拘谨、内向、沉默的内倾性格,转变成好胜的征服性和外倾性性格特征。

有些本性里的东西改起来的确要费一番工夫,但学习上他也一定能赶上别人,他并不比别人差,只是他从来都没有认真学习过。

以前,在牛顿的潜意识里,他总觉得自己是个弱者,所以只与自己相处,成为自己世界里的英雄。然而,那一天的经历让他意识到自己并不弱,自己能够得到别人的承认。

对功课产生浓厚兴趣

"水车风波"之后，牛顿变了。

牛顿认识到了自己的优点，聪明、有头脑，善于动手；同时也认识到了自己的缺点，自卑不合群，学习不认真。如果，自己在学习上有做木匠活的劲头，也一定能有好的成绩，自己不是还做出了同学们做不出的水车吗！

他暗暗对自己说："我一定能成为一个学习好的学生！"

从此以后，牛顿不用别人提醒，自己就自觉地把倔强的个性转化为顽强的意志，并把它用在了学习上。上课的时候，他认真学习；放学的时候，他仍做自己喜欢做的事，但前提是一定先把功课做完。

他牢牢地记住了这样一句话："该学习的时候就学习，该玩儿的时候就玩儿。"

上课的时候，他不再害怕看老师了，而是紧紧地盯着老师，跟着老师的思路，不再走神去想别的事。他专心倾听老师讲的每一句话，记录下老师讲的每一个重点内容。这样他就再也不怕老师提问他了。老师的问题，他总能对答如流，有时他还能找到问题向老师请教。

牛顿对各门功课都有了一定的了解，也逐渐产生了兴趣。兴趣是最好的老师，牛顿的钻研精神一旦用在了自己感兴趣的事物上，便如鱼得水，发挥了重要作用。

有一天放学后，牛顿在学校里把功课做完，又跑到大自然中去了。青草仍然绿着，树叶已经簌簌地落了下来。黄色的落叶铺在青草地上，那颜色是多么美丽！还有一些叶子仍留在树上，风一吹，哗哗地响，可它们仍很顽强地坚守着。

牛顿在河边的那块草地上躺了一会儿，突然发现了一块石头中间的小草。绿色的、嫩嫩的小草夹在灰暗色的石头中间，竟然曲曲折折地长了出来。

牛顿的心里忽觉一亮，是从哪听过的一句话来着？"只要小草努力，石头也会对它微笑。"这话说得多好！牛顿把这话对自己重复了几遍，觉得自己现在的生活很好。

他曾经告诉外祖母说希望成为像舅舅那样的人，可以前他觉得这目标太渺茫了，他离这目标很远很远。现在不同了，他觉得只要努力，没有什么事是办不成的。

外祖母不是说过要成为像舅舅那样的人就要读很多很多书吗？现在最重要的就是要把自己必须学的书看懂，将来要看许多许多书，学很多很多知识。

牛顿本来就爱动脑筋，自从对功课产生了兴趣，他把精力全部投入到了自然科学、绘画、文学等方面。学习有了直接动力，又能劳逸结合，讲究学习方法，所以他的学习成绩很快赶上去了，后来竟然成了班里数一数二的好学生。

同学们对他的进步感到望尘莫及，不禁暗暗惊叹。当然大家都渐渐尊敬他了，因为他很多方面都是第一，无人可比，谁还敢瞧不起他？还有很多人甚至有些嫉妒他。牛顿各科成绩都跑到了前面，得到了老师和同学们的尊重，有很多同学甚至开始向他请教问题。他意识到了认真学习给他带来的好处，更加坚信了自己的做法是正确的。

牛顿自从爱上了学习，就不像以前那样没日没夜地做手工了。他知道自己应该在什么时候学习，什么时候消遣，而且他把学习排在了最重要的位置。牛顿自己心里十分清楚，木匠活做得再好，将来也只是个木匠，要想成为像舅舅那样受他人尊敬的人，就一定要懂得比木匠活多得多的知识。所以他总是把功课忙完了，才开始认认真真地做木匠活。

他在自己做的小木桌上贴上了自己的座右铭："功课第一，手工第二。"

牛顿还不打算完全放弃做手工，当他做完功课需要休息的时候，他就会拿出他的工具箱，"叮叮当当"敲上一阵。

一天，邻居大叔来看牛顿，见他正在埋头写作业，便探过头去，见到桌角上的座右铭，心想，这孩子的决心可真够大的。

牛顿见大叔来了，说："大叔，您先坐，我一会儿就写完了。"

大叔一直等牛顿写完作业才说："牛顿，你好长时间不去我那儿了，原来正忙学习的事啊。"

牛顿说："大叔，我这些天把时间都排满了，所以没能经常去看你。"

"你爱学习是件好事啊！"大叔说，"大叔可以常来看看好好学习的牛顿呀！将来牛顿要是念好书，要比大叔强得多。可是牛顿一下子有了这么大的学习劲头，真是让大叔没料到啊！"

牛顿其实真想把这个转变的原因原原本本告诉给某个人，他的内心其实是需要有人来分享他的秘密、快乐和忧伤的。

大叔又自言自语地说道："有点奇怪，可是也没有什么奇怪的。牛顿跟别的孩子不一样，我早就看出来了。"

对药品配置实验着迷

牛顿10岁的时候,他的继父去世,母亲汉娜回到了伍尔索普生活。牛顿重获母爱,随后的一个时期也许应是一段快乐的插曲。不过快乐中也有许多苦,因为分享母亲关爱的还有一个同母异父的弟弟和两个妹妹,其中一个妹妹还不到一岁,另一个刚刚两岁,他们也许是母亲关注的中心。

1655年,12岁的牛顿该上中学了,这一年,他被送到格兰瑟姆镇中学去读书。牛顿来到格兰瑟姆镇,除了金格斯中学外,还要去的地方便是镇上的药剂师克拉克家。克拉克夫人自幼便与牛顿的母亲汉娜是好朋友,由于牛顿在镇上也没有别的亲戚,因而牛顿在金格斯中学读书的日子,便要寄宿在克拉克家。

牛顿对克拉克夫妇感到生疏,因为他们从未见过面。已感到对陌生的金格斯中学有些不适应的牛顿,一想到又要和这陌生的一家人见面,并且还要长久地住下去,不免有些忐忑不安。

克拉克的家在镇中心,阁楼的样式与自家的相差不多,这种相像使牛顿产生了好感。与克拉克夫妇的见面也同样令他感到惬意,因为夫妇二人都是那么和蔼可亲，毫无陌生感，就好像在哪见过一样。克拉克夫妇特意为牛顿准备了一间阁楼，好让他能够比较舒适地生活和学习。

牛顿是个内向沉默且拒绝陌生人的人，但在克拉克家却不一样。他好像很快习惯并喜欢上了这里的生活，并没有初来时想象的孤独感。自幼失去了父爱、母爱的牛顿感到了家的温暖。另外，克拉克家与众不同的家庭氛围也吸引了牛顿。

克拉克先生是镇上有名的药剂师，在当时的英国，有些药品需要药剂师自己配制，因而，克拉克先生便有自己的药品配置室。克拉克先生的药品配置室可称之为今天的实验室。

在克拉克的实验室中，各种配药仪器布满了整个房间，有坩埚、天平及各种玻璃实验制品，这些都深深地吸引了牛顿。他以前用锯子、斧头模仿着看过的东西，做过小水车之类的东西，但从没接触过这类东西。

每当克拉克先生走入他的实验室时，都令牛顿产生一种莫名的冲动，他要看看这些东西到底是怎么用的。克拉克先生每次配置药品时，神色都是那么严峻，显得是那么小心谨慎。

克拉克先生用小天平称来称去，各种药剂有白的、红的、黄的，接着他又把各种器皿连接起来，然后又用火加热、用水冷却，在器皿中的药剂一会儿变成了其他颜色，一会儿又由气体变成了液体。在旁边观看的牛顿被他的实验深深吸引了。

牛顿想，这些东西太神奇了，为什么要对它加热？为什么要把那两种东西放在一起？为什么它会变色？这些对于他来说，真是变化无穷，充满着无尽的魅力。对克拉克先生实验室的关注完全出自牛顿的内心，对这些陌生的东西他自己都不知道为什么会这么热爱。

他很羡慕和敬佩克拉克先生的博学，同时想象着有一天自己也什么都能知道。

克拉克先生也看出了这个孩子与众不同，便耐心地引导他，希望这个对知识有着无尽欲望的孩子能有更大、更快的进步。

他告诉牛顿，在进行实验前你一定要掌握必要的基础知识，因为只有在一定理论的指导下，才能通过实验验证自己想法的正确性，因而，掌握知识是很有必要的。牛顿把这些话深深地记在了心里。

格兰瑟姆中学的校长斯托克是牛顿在伍尔索普就读学校的经办人，他是一位很有名望的教育家，对牛顿也特别看重。另外数学老师是克拉克孪生的弟弟，他们为人都很友好。

这种宽松的学习环境，对牛顿来说是很理想的。他在这里主要是学习拉丁文文法，此外学习数学和神学，数学则以几何为主。

这时的牛顿仍然不爱讲话，爱沉思默想。他既不接近老师，也不大和同学亲近，仅仅和克拉克夫人与前夫所生的女儿安娜·斯托瑞比较亲近。

牛顿一看到这个端庄文静的女孩子就不由自主地喜欢上了她，不爱说话的牛顿在她面前却总有很多话题。

斯托瑞和牛顿年龄相仿，两个人谈得很投机。牛顿为了讨她的欢心，常常给她做玩具或者修理家具什么的，表现出他的心灵手巧和别出心裁。

斯托瑞看在眼里记在心上，有时也会流露出来。随着时间的推移，在这对少男少女的心中不由得萌发出一种情不自禁的、朦朦胧胧的，然而却震动两个人心灵的感情，像一股不含一点杂质的清泉流淌在彼此心里。当斯托瑞不在身边时，牛顿有时会诗兴大发，随口吟出几句。

享受动手实践的愉悦

牛顿从来没有停止过动手做实验，有一本叫作《自然与艺术之谜》的书对他影响很大。从这本书里，他学会了变戏法、制作焰火、调颜色、制图以及自制有趣的玩具。他还是改不了那个自幼养成的习惯，只要书里讲到有趣的事，他都要亲自尝试一番，这种亲自动手做实验的习惯使他终身受益。

牛顿在家乡上学时，就喜欢画画，画一些花草树木，画他所看到的美景。到了格兰瑟姆镇后，有了空闲时，便拿出笔来画画。

这也许是和他热爱大自然，充满美丽的幻想有关。牛顿有时也写一些短诗，和画画一样，他也并没有作诗的天分，他写诗只是为了表达自己的志向和情感。

在克拉克家里的生活是快乐的，有活泼可爱的斯托瑞做伴，他有成年人的成熟，有孩子的天真，有思想家的思维。然而刚上中学的他经常会陷入沉思，难免会遭到一些调皮孩子的取笑和嘲弄。

没过多久，他又对读书产生了热情，对此是如痴如醉，有些时候近乎疯狂，只想着读书，忘记了其他的事情。在日后的生活中，牛顿也始终对读书有着难以丢弃的挚爱，这已成为他的一种习惯，根植在他的生命中。

夜色已深，牛顿并没有睡去，他伏在桌前有滋有味地看着书。

在周围邻居的印象里，仿佛克拉克家阁楼的这间房间的灯一直都是亮着的。摇曳的灯光下，牛顿沉醉在书本里，思绪伴着文字交响着，不觉间，时间已经过去很久。一阵阵夜风从窗外吹进来，带着些凉意，牛顿不禁打了个寒战，顺便拉了拉衣襟，目光顺着窗外望去，窗外还闪着点点星光。灰暗的夜空在点点星光的映照下，显得是那么空灵、悠远，这空灵、悠远不禁引来牛顿一阵阵哀怨，透过夜空他想到了意念中远在天堂里的父亲。

在牛顿的记忆中，父亲只有想象，他是看不到的，可他多想见一见父亲。远处的星光依然是闪亮的，在遥远的空灵中父亲会不会也同样像其他人的父亲关爱儿女一样关注着他这个孤独、弱小的生灵？想到这里，牛顿的眼中不免有了点点泪光，再遥望远方，仿佛那天边的星斗也同样带着哀伤。

"啊，那个像柄长剑，那个像个仙女，哦！那个像头狮子。"
"好像在哪里看到过有关写星星的书！"牛顿急急地冲出门，向二楼的藏书房跑去，转而又蹑手蹑脚，因为他怕在深夜中惊醒早已沉睡的善良的克拉克夫妇。

时光飞速地流逝着，牛顿的阅读范围早已超过了课堂上所学的知识范围，他的学识也得到了同龄人和师长的公认。牛顿刚到格兰瑟姆住下来时，发生过一次深深灼痛其记忆的事。

那时他甚至还没有机会表现出自己的杰出智力。要么是乡村小学给他留下的底子太差，要么是他再次陷入了孤独，心存恐惧，所以在班上的名次很低。

有一次课间游戏，大家正玩得兴高采烈的时候，一个学习好的学生借故踢了牛顿一脚，并骂他笨蛋。

牛顿的心灵受到这种刺激，愤怒极了。他想，我俩都是学生，我为什么受他的欺侮？我一定要超过他！

从此，牛顿下定决心，发奋读书。他早起晚睡、争分夺秒，勤学习、勤思考。经过一段时间的艰苦努力后，牛顿的学习成绩不断提高，不久就超过了曾欺侮过他的那个同学，名列班级前茅。

随着他的名次升高，他把他坐过的每张椅子上都用随身带着的工具刻上自己的名字。今天，这些椅子已不存在了，但就在那个石窗边沿上却还留着他的签名。

牛顿把大量的时间都花在了机械发明上，常常耽误了自己的功课，落在后面。每到这个时候，他就会把精力转向书本，很快又赶上前去。

当别的孩子在玩耍时，牛顿总是在那里动脑筋，一般的孩子都感觉牛顿咄咄逼人。他曾说过，他一生中的第一次实验：先是顺风跳，然后逆风跳，将结果与他在无风的日子里跳跃的结果相比较，用这种方法来测量风暴的力度。

他告诉男孩子们：这次风暴比他以往经历的任何风力要强上一米，他们听后都愣在了那里，然后，牛顿就给他们看他测跳距的标记。

在格兰瑟姆中学，牛顿还有其他的消遣，其中就有在科尔斯特沃斯教堂的一个日晷。牛顿在9岁时制作的日晷所涉及的就远不止运用工具的技巧，它们代表的是一种知识挑战。

牛顿在克拉克的家里放满了日晷，自己房间里、别人房间里、门口，总之放在阳光能照进来的所有地方。

他把木钉钉在墙上标志一小时、半小时甚至一刻钟,木钉上系上绳子,上面有移动的球,可以连续不间断地测量每天的影子。他做着历书似的记录,学会了区分太阳的周期,他分得出分点与至点,甚至分得出一月中的各天。如有人问他时间,他常常是不看钟,而是看看影子就可以回答出来。

他画画的技能也日益精进,克拉克先生的屋子再次受到他这股热情的冲击。据后来住进这间阁楼的人证实,墙上满是用炭笔画的人物、船只、鸟兽和植物。他还画了查尔斯一世、约翰·多恩和校长斯托克的像。墙上还有几个圆和三角形。

几乎在每块木板上,都刻着"牛顿"的名字,由于是刻上去的,很难擦去,与学校里的课桌一样。

在格兰瑟姆度过的这段中学时光,是牛顿一生中最快乐幸福的日子,在这里他已完全适应了生活并且找到了自己理想的生活状态。

学校的课堂、藏书的阁楼、自己的卧室兼手工作坊,这里的每一天都是充实快乐的,就像是贪财的人发现了无主的宝藏一样,觉得离开一秒都是一种心痛。牛顿在这里度过了一年多的时光。

在这所学校里,牛顿结识了一位对其一生都有着重要影响的良师,他就是牛顿就学的中学校长斯托克校长。斯托克校长以他几十年的教学育人经验和超出常人的伯乐眼光发现了牛顿。

其实牛顿在学校里的表现在一般人的眼里显得未必是那么出类拔萃,在刚入学时他被编入了低等班,成绩也是一般。

后来成绩虽然有很大提高,也只能说是个优等生而已。但是,斯托克校长却一直默默地关注着这位他认为是他教过的最优秀的学生。

试制精美的小风车

　　牛顿从小养成了爱动手的好习惯,他经常自己动手做一些手工艺品。当寄宿到克拉克夫妇家里后,牛顿的卧室里也就堆满了各种各样自制的小玩具。

　　当牛顿有空闲的时候,就会帮着克拉克夫妇修理一些损坏的家具,所以克拉克夫妇也都很喜欢他。

　　在格兰瑟姆镇,有一座大风车,离牛顿的学校很近。每当放学后,或是有时间时,牛顿就会跑来看看风车,研究它的工作原理。有时,他一看就是几个钟头。

　　他心想:"我也要做一个风车,但是它太大了,我要做一个小的。"

　　牛顿是个敢想敢做的人,有了这种想法后,就开始动手干了。

　　有一天,克拉克先生跑到楼上,看到地板上到处都是零散的木片、木棒和帆布,就好奇地问牛顿:

　　"艾萨克啊!你弄来这些做什么呀?"

　　"您猜猜看。"

克拉克先生拿起一个贴着布的长三角形木框，东瞧西瞧地研究了半天，摇摇头说：

"我猜不着，我想这是一个很大的东西吧！"

"不错！这是用来做风车模型的。"

牛顿兴奋地说。

"风车？"

克拉克有点不解。

"是的！这个东西花去了我很多时间，费了好大劲才研究出来的。"

牛顿一边说一边敲打起来。

"克拉克先生，你们赶快上来呀！我的风车已经做好了。"

克拉克先生马上跑到二楼去，克拉克太太这时正在厨房做饭，听到牛顿的喊声，也放下了手中的活儿，在围裙上擦了擦手，就跟着跑上楼去了。

"哇！好漂亮的风车呀！"

克拉克太太惊叫着。

"做得非常精致，看来这孩子不一般，他真是个天才啊！"

克拉克先生惊讶道。

牛顿的新发明受到克拉克一家人的好评与赞扬，他们当即决定把这架风车安放在屋顶上，这样不但可以测风力和风向，还可以作为药店的招牌。

克拉克先生和牛顿迅速地爬到了屋顶上，准备安装风车，很快，底座就固定好了。借着风力的吹送，风车很顺利地转动了起来。

"转啦！你看，风车转起来了。"

克拉克先生像小孩般地叫起来。

"哇！太好了！"

没过多久，镇里的人们都知道了克拉克家增添了新玩意儿，都纷纷跑来观看。那个在风中顺利旋转着的精美风车，让在场的每个人都赞叹不已。

其中一个人说道：

"那个风车是寄住在克拉克先生家的牛顿做的。"

另一个年轻人急忙补充道：

"是那个小孩吗？他真的很棒！除了会做风车外，他还会做各种各样的东西呢！"

那个年轻人得意扬扬地说，好像自己是牛顿似的。

"真的吗？那他岂不是要成为大发明家喽！"

时间久了，人们慢慢对风车的事讨论得比较少了。可就在这个时候，新鲜事又发生了。

当没有风的时候，镇上的风车不再转动了，而牛顿的小风车还在不停地转动着。于是，大家又开始议论起来了。

"咦！这是怎么回事，这太奇怪了！"

"有什么好奇怪的？"

"你看，没风时，镇上的风车不动了，而那部风车还是一样地转呢！"

"咦！也许那部风车与众不同，是部魔术风车！"

"很有可能！我经常见到那个少年在走路时，嘴里还念念有词呢。"

这样一来，全镇的人都说牛顿是个魔术师。当这个传说传进了教堂牧师耳朵里时，他没有理由不管这件事，因为在上帝所统治的世界里，是不容许有任何魔术师出现的。

这天，牧师急匆匆地跑到药铺里，气喘吁吁地问克拉克：

"克拉克先生！那魔术师在哪里？"

"哦！魔术师？我这里没有魔术师？你是指艾萨克吗？他就在楼上。"

克拉克一面回答，一面往楼上喊着：

"艾萨克，有人找你。"

当牛顿咚咚地跑下楼时，牧师朝他打量了一下，一看原来是个活泼可爱的小孩子，原先一肚子的怒气瞬间消去了一大半，马上用较和蔼的口气说：

"那个风车是你做的吗？"

"是的，那个风车是我亲手做的。"

"外面传说你那风车是魔术风车，是真的吗？"

牛顿笑嘻嘻地说：

"牧师先生，请跟我到楼上去，你就会明白是怎么回事了！"

当他们爬上屋顶时，牛顿便把风车下面的箱子打开给牧师看。

"哦！原来是这样。"

牧师看过后，禁不住大笑起来。

原来，牛顿在风车模型上面装了一个小踏车，由一只老鼠带动。并在老鼠的尾巴上系一根细绳子，绳子的一端安一些弯钩，或是在老鼠的头上吊一粒玉米。这样老鼠就一直绕着风车的中心轴棒不停地转动。因此，即使在无风的情况下，只要老鼠不肯停下来，风车就会转个不停。牛顿把这只老鼠称作他的磨工。

镇民们知道了真相后，都赞叹牛顿的聪明才智。镇民们都叫他"小魔法师"，后来又变成了"少年发明家"。通过这件事，镇民们也更多地接触、了解了牛顿。

沉迷于知识的海洋

人生的命运总会有些戏剧化的色彩，说不上哪一时期就会有大的转机。牛顿的人生就是个典型的例子。

有一天，牛顿接到了母亲托人带来的信件。

母亲此次写信的意图是劝说牛顿放弃学习，回到伍尔索普村。因为汉娜感觉在持家方面实在有些力不从心，希望这个家里的长子能够回来帮一把手。

其实汉娜是以一个能干的农村妇人和善良的母亲的心态，为这个自己深感歉疚的儿子考虑长远未来的。

她决心把自己继承的和经营的在村里人看来较可观的家产留给牛顿，而此时最应做的是尽早把牛顿培养成一个合格的农场主，好让他不仅继承这份家业，而且要把这份家业发扬光大。

母亲去学校接牛顿的那一天，斯托克校长曾恳切地提出自己的建议，希望汉娜能好好地考虑考虑。因为他认为牛顿是个可塑之才，然而比她儿子还倔强的汉娜委婉拒绝了斯托克校长的请求。

牛顿回到了伍尔索普，他的那些同母异父的弟弟妹妹们给予了他最热烈的欢迎，他也非常喜欢这些可爱无比的弟弟妹妹。

在牛顿上学的那段时间，每到星期六的下午，这些弟弟妹妹们都会跑到街上来等牛顿回来，一看到牛顿，都高兴地叫喊着：

"哥哥回来了！"

接着，三姐弟马上跑过去，两个分别拉着两只胳膊，另外一个拉着衣角不放，牛顿就在这样的拥护下回到了家。

大妹妹玛丽已经出落得亭亭玉立，小妹妹哈娜还是个可爱的小女孩，每次牛顿放假回来，姊妹俩都撒娇似的吵着要牛顿讲故事。而当星期天下午，牛顿要离开家回学校时，姊妹俩更是拉着他的手不放，好像这一去就回不来了，她们两个央求：

"哥哥，下礼拜一定要回来哟！"

但是这一切似乎都太短暂了，再也不会有那样的经历了，而今后他要每天面对她们了。

汉娜看到自己的儿子放弃学业回到家后，心里很是欣喜，仿佛看到了儿子未来庄园主的形象。

劳累的汉娜仿佛肩上的担子也轻了不少，她按部就班地培养着这个财产继承人。

十几岁的牛顿在这个缺少男主人的家庭里也被大家自自然然地当作成熟的男人来对待了。

按照母亲的要求，他要为弟弟、妹妹树立榜样，他要逐渐地承担起这个家里里外外的大小事情。牛顿的小庄园主的生活开始了。

早上起来，牛顿要随着家里人到地里去干活，伴着东升的太阳，牛顿随着母亲和几个雇工来到了田地里。

虽然他已经度过了几天这样的日子，但他实在觉得这种工作有些乏味。当然除了远离农村生活已有一段日子，有些不适应农村的生活外，更使他难于容忍的是在乡村里贫乏的精神世界。

人的精神世界一旦没有了寄托，其状态是可以想象的。

本来就沉默寡言的牛顿此时变得更加沉默了。他整天都没什么话可说，更多时间是对大家报以惯有的沉默。

在农活间隙时，农夫们会惬意地享受着这短暂的休息时间的快乐，互相之间的说笑传过田地洒向天边。而此时的牛顿静静地躺在树荫下，仿佛根本没有听见大家的说笑，眼睛直直地看着远方，陶醉在自己想象的世界里。

母亲看在眼里愁在心里，她就想：哎，放羊的活较轻，还是让他去放羊吧！

放下锄头拿起了羊鞭，牛顿在空旷轻盈的绿草地上更加自由地放飞着自己的思绪，在他眼里想象的世界要比他所见的一切都吸引人。

放牧人的生活要比农夫的生活更适合他，在他的逻辑里羊吃草是羊自己的事，每当牛顿把羊赶到草地上以后，他便放下鞭子躺在树荫下进入到他习惯性的思维里。

这时，他就开始动手做水车模型，然后放到小溪里，水车做得很精致，还配备了堤坝和水闸。他看到自己的成果，非常满意。

"哥哥！哥哥！妈妈叫你呢！"

"好像我们家的羊把邻家农田的苗吃了，快点儿，哥哥！"

由此汉娜不得不被告上了法庭，赔偿了人家的损失。

此时的牛顿要么用各种工具制作模型，要么沉醉于各种幻想，农场的生活使他陷入深深的痛苦和挫折当中。

汉娜看到儿子没有长进，也同样陷入了痛苦之中。

汉娜想，做农民不行可以让他学做生意，如果让他做个小农场主未必要学会种田和放羊，如果学会做生意也同样可以料理好这份家业。

想到这里，汉娜便把去城里卖农产品的活交给了牛顿，并且还让一个老雇工帮他。

开始时牛顿的心情还不错，因为他如果去卖东西的话便有了去镇上的机会，这正是他所希望的。

在出发前的一些日子，牛顿还用他固有的灵性发明了一种新式四轮马车。马车与众不同的地方是，车辆的驾驭方式很特别，即不用缰绳、只用一个手柄就可驾驭马匹。

当然这种方式只能说是一种独特小发明，不能作为一项伟大的创造，因为经过实践检验它没有流传下来，但在当时的村子里却引来村民们阵阵的喝彩。

牛顿就是驾着这架马车与老雇工一起往返于村镇间的，以此来实现母亲把他培养成生意人的愿望。

初到镇上的牛顿，头脑里不由自主地呈现出克拉克先生的藏书阁楼，也许回乡的烦闷就是缺少了他的这些精神寄托，心底的河已不再流动，才显得如此压抑。

所以刚到镇上，牛顿便跑到了克拉克家。他向主人借了他也许早就在心里盘算好了的几本书，匆匆地返回到集市。

老雇工早已接到了女主人的叮嘱，看着少年老成的牛顿也是无可奈何地摇了摇头。

从此集市上便多了这么一个独特的风景：两个人，一老一少，日出而来，老的准备卖菜，少的去借书。日暮时分，老人收拾好未卖的各种农产品，然后叫上躲在远处树下看书的年轻人，两人一起回家。

每当从克拉克家借完书回来后，牛顿便坐在树下捧着书读，完全沉迷其中。

一天，他正在树下兴致勃勃地读书，恰巧被路过的舅舅看见。

舅舅一看这个情景，很是生气，大声责骂他不务正业。

他一下子把牛顿的书抢了过来，定睛一看，牛顿所读的居然是数学书，上面画着种种记号，心里颇受感动，一把抱住牛顿，激动地说：

"孩子，就按你的志向发展吧，你的正道应该是读书啊。"

听了舅舅的话，牛顿也觉得自己应该去读书，但是，现在妈妈也正需要帮手。

牛顿的舅舅艾斯考夫曾就读于剑桥的三一学院，现在是当地有名的牧师。

在艾斯考夫的眼里，牛顿是个很有个性的孩子，特别是与牛顿的一次不期而遇，更使他对这个外甥另眼相看了。

那是一个夕阳西斜的夏日黄昏，艾斯考夫在参加城里的一次教务活动后，信步走在街区的石街路上。

街道似乎有些吵闹，于是，不远的那片小林荫吸引了他。艾斯考夫踱过几个人，来到了林荫下，他的眼光停住了。

在林荫下，有一个石像一般的人，仿佛除了他的思维在活动外，其他的一切都是静止的，就连他的呼吸都叫人难以觉察。

艾斯考夫被这个看书的少年吸引了、震惊了，而后又是一阵阵欣喜、骄傲，因为那个被书迷得如痴如醉的少年就是他的外甥牛顿。

"对知识如此热爱和沉迷的人能够成为什么样的人物呢？"

艾斯考夫的思绪飞扬起来。

在一场罕见的暴风雨中，牛顿家的房子也在风雨中摇晃着，前院后院的件件物品更不用说了，一件一件地被卷进风的旋涡。

"哦，艾萨克！快，快帮我把后院的牲畜圈的栅栏门关紧，一旦吹开，牲畜就跑出去了，快！"

经过一段时间的"战斗"，汉娜终于把一切都安顿好了，她拖着疲惫的身体，艰难地回到了房中。

"艾萨克呢？"

汉娜望着艾萨克的弟弟、妹妹问，脸上带着茫然。

"艾萨克上哪里去了？我让他去关牲畜圈栅栏门，应该早回来了。"

汉娜惊异不已。

"哥哥一直没回来！他会不会出事呀，妈妈？！"妹妹说。

风更紧了，雨也更大了。汉娜实在不能放心，披上围巾就向栅栏门冲去。可是当她看到艾萨克时，她却呆住了：她的儿子并没有去闩什么栅栏的门，而是像一个落汤鸡似的浑身湿透了，他在暴风雨中来回跳着，每跳一次，就在脚落地的地方做上记号。

看来牛顿已经在这里很长时间了。牛顿很认真地测量，全然没有注意到母亲已经站在他面前。

"艾萨克，艾萨克，你这是怎么了？"

汉娜很害怕地呼唤着，把儿子死命地拽进了库房，她生怕儿子是发神经了。

进屋后的牛顿用手抹抹头发和脸上的雨水，笑着对母亲说：

"妈妈，我在做一个实验。"

汉娜万分心疼，不解地问道：

"做什么实验？"

牛顿说："我在测风的速度和风的力量。我想知道顺着风跳和逆着风跳差距有多大，然后我就可以知道风力到底多大。"

母亲虽不懂儿子的做法，但她却明白儿子又钻进某个问题的牛角尖了。

对农活不感兴趣

回到家乡后,牛顿每天都忙忙碌碌。可是,他对这些农活丝毫不感兴趣,在他心里装的只有学习、读书。

牛顿除了喜欢看书外,其他的事情都不放在心上。只要他脑子里想着一件事,不管周围发生了什么,他都会置之不理的。

那天,母亲要牛顿去格兰瑟姆镇买小麦粉,母亲为此很担心,怕他又看起书来,其他的事不管不问,临走时,再三叮嘱牛顿,千万不要带着书,牛顿也夸下海口说不带书,也不会再出差错了。

到了镇上,牛顿按照母亲的要求买了小麦粉,马上往回返。在回来的路上,牛顿跳下了马,用手紧紧地拽着马缰绳缓慢地沿着原路走。他边走边思考一些问题。

当他走到一个山冈时,已是傍晚,夕阳把山脉、田野、大地照得一片通红,非常壮观。牛顿被这景色深深吸引住了,就这样,他观看了很久,还不时看看周围的其他景色。待他回过神来时,不禁惊呆了。

"哎呀!完了!马儿不见了!"

不知不觉中，马已挣脱了缰绳，不知跑到哪里去了，留在手里的只是一条空空的缰绳罢了。牛顿脸色顿时煞白。

"这下可不得了啦！闯大祸了！母亲可要责罚的！"他心里想。

他二话不说，撒腿就往家的方向跑去。他没有歇脚，一口气跑到家里，刚停下脚步，发现母亲已经在门口等着他了，那匹走丢的马，正在马厩里嚼着草料呢！

牛顿这才松了口气，母亲没有多说什么，更没有责怪他，只是摇了摇头，去做其他事了。

这件事传遍了全村，成为村里人的话题。大家都觉得牛顿不适合干农活，可母亲还是抱有一点儿希望，毕竟他已经长大成人。没有多久，母亲对这件事也就渐渐淡忘了。

母亲不但种了几亩田地，还喂养了许多家禽，有几只土鸡、几只山羊，还有一群鸭子。每天忙完农活儿，就要给这些家禽喂食。

有一次，母亲忙着要去镇上，便嘱咐牛顿去喂鸡，牛顿提着一大桶饲料，到鸡栏里去了。他正在喂鸡，突然脑子里想到自己的手工玩具还没有完成，要进行改进，于是，丢下桶就走了。

在离开时，竟然忘了关鸡栏的门。结果，一大群鸡都跑到别人的田里去，把田里的幼苗都给啄得不能要了。邻居就找到了牛顿的家里，母亲也受到了邻居的指责，而且还赔了一大笔钱。

这样，本来家里的情况就不太好，又赔了一笔钱，眼看就要维持不了家人的生活，母亲决定让牛顿到集市上卖土豆，可以换些钱来。

这天，天还没有亮，母亲就把牛顿叫醒了："儿子，快点起来，拿着土豆到集市上去卖，可以卖不少钱，这下家里的开支就可以解决了。"

母亲边收拾，边嘱咐牛顿，卖完土豆就赶紧回来，不要在外面逗留。

"好的，我知道了，妈妈，我去了。"牛顿揉了揉眼睛，拿起一块干粮，背着箩筐就上路了。在他临走时，事先把一本书藏在了筐底。

很快就到了集市，牛顿找了一块比较安静的地方，把一筐土豆往地上一放，拿着书就埋头看起来。

刚开始，他还叫卖几声，到后来，就听不到叫卖声了，原来他被书中的一个情节给吸引，完全投入到书里去了。此时，牛顿忘记了自己是来卖土豆的，有人问价，也不搭理人家，很多人都感到很惊讶，搞不明白这个孩子来的目的。

太阳的光辉慢慢暗了下来，傍晚的余晖照耀着大地，牛顿合上书，抬头一看，天要黑了，这才想起自己是来卖土豆的。

看看周围，不见一个人，再低头看看箩筐，还是满满的，牛顿只好背着箩筐回家。

刚到家门口，母亲脸上露出了笑容，以为儿子卖了不少钱，当看到儿子的箩筐还是满满的时，不禁心里一阵凉，感到非常失望。母亲叹了一口气道："你真不是做庄稼活的料！"

接连不断发生的奇怪事，使牛顿的母亲开始觉得，他应该去读书。就在母亲犹豫不决，不知该不该送牛顿回学校的时候，有两个人帮她下定了决心，也使牛顿的生活翻开了新的一页。

重新进中学学习

母亲汉娜和她的哥哥艾斯考夫商量着牛顿的前途问题。艾斯考夫早把事情看透了,他劝汉娜把牛顿送到学校去读书,说牛顿这孩子可能不适合做庄稼人,他一切的作风都是那样与众不同,很可能会成为伟人,我们绝不能在此耽搁他。

"是啊,我也是这样想的,从这些事上,我感觉他也不是干农活的料。可现在家里的经济状况不太好,母亲也年纪大了,我也快支撑不下去了,孩子们还小,要是让他再离开家,我担心……"

"可是,你要为孩子着想,为孩子的将来考虑啊!"

"这点我是很清楚的,牛顿从小就喜爱看书、做手工或者沉迷于幻想之中。"

"所以,这些才是他的喜爱之处,你不能再让他做一个农民了,不然,他会一事无成的!"

艾斯考夫对汉娜说:"我们不仅让他去读中学,而且还要让他去上剑桥!"

牛顿依旧痴迷于读书、思考问题,做事心不在焉,有时好像突然想起什么，赶紧拿一支笔在小本子上写着、画着。

牛顿在这一时期对观察和思考的问题有过很多记录，在他的一些笔记本里，分类记载着自然现象、颜色的调配、几何问题、各种实验的过程和结果等。

而且还不难看出，这时的牛顿也接触了一些科学家的学说，并对哥白尼的日心说产生了很大兴趣。他也时时想念着可爱的斯托瑞，想着与她在一起的快乐时光。

他们之间的感情太深了，虽然彼此都深藏在心底，但这种感情藏之愈深，思之愈切。回到格兰瑟姆，已成了牛顿的最大愿望。

牛顿的愿望很快就实现了。这一天，格兰瑟姆中学的校长斯托克先生亲自来邀请牛顿返校。他是坐着马车来的，这也太出人意料了！一个校长会到一个已辍学的孩子的家里来，真是慧眼识才的伯乐。

牛顿的母亲见校长来了，激动得不知怎么办才好。校长开口就说："应该让这孩子读书。艾萨克是个成才的好料，将来一定能够成名的！"

汉娜郑重地低头行礼："谢谢校长，明天我就让他重回学校。"汉娜把这一切全告诉了她的哥哥艾斯考夫。第二天，艾斯考夫亲自把牛顿送回了格兰瑟姆。

许多人都为牛顿能够重返校园而高兴，其中斯托克校长最为迫切。牛顿在返校的当天晚上便拜会了这位知音长者，斯托克满脸欣喜地迎接了他的这位得意门生。

这天晚上，两人谈到很晚。斯托克向牛顿谈了许多人生的经验和治学的道理。

牛顿从没这么真切地感受到作为长辈的成熟和男人的关心，斯托克的每一句话都是他在想却一直没有想明白的问题，可以毫不夸张地说，斯托克的这次长谈对牛顿日后成长起到了重要作用。

纯真无瑕的感情

牛顿的童年是个动乱的年代，正赶上英国内乱，从 1642 年到 1649 年查理一世被送上断头台为止，英国的战争持续了 8 年之久，最后由克伦威尔掌握政权。

克伦威尔是一个虔诚的清教徒，他希望把这世界上一切罪恶都彻底清除干净，为了使自己的地位更加稳固，他开始追杀王党成员及其追随者，"铁骑兵"也就是在那个时候产生的。

不仅如此，他还对英国人民喜好的各种娱乐活动进行阻挠，并下令禁止，使得伦敦的剧场都给封闭了，还要逮捕戏剧演员；另外，他还禁止农民赌博，连跑马和斗鸡活动也不许举行。

星期天，他还派士兵在街上巡逻，酒家、射击场和舞厅全部关闭。这天，每一个人都要在家里进行祷告，诵读圣经、唱赞美诗，不允许有任何户外走动。

往日热闹非凡的伦敦，每到星期天，除了教堂里传出来的祈祷声和诗歌外，就听不到其他的声音了。

从此以后，整个英国失去了欢声笑语，失去了活跃的气氛，从而变成了一个沉闷、抑郁的国家。

人们在私底下议论纷纷，心中充满了愤怒，渴望这样的日子尽快过去。

1658年9月，人们的心愿终于得到了满足。在一场暴风雨过后，克伦威尔感染风寒，卧病不起，没有多久便去世了。克伦威尔死后，他所推行的命令，自然也就失效了。

当时，人们都希望回到以前的生活当中，回到过去的那个时代，恢复王政。

查理二世在父亲被处死刑后，流亡到了法国，克伦威尔死后，他重新踏上了故国的土地。他这次回来，受到了人民的热烈欢迎，到处都摆满了鲜花，街上还搭起他的头像，人民兴高采烈，载歌载舞。

查理二世继位后，第一件事便是召开国会，并保持与国会的步伐一致，这样一旦发现臣下所做的事情有不合乎民意的，可以立即更换。英国人民所希望的和平年代终于到来了。

牛顿也就在这个时候，回到了格兰瑟姆镇的药铺，回到了那个曾给他许多美好回忆的房间。这时克拉克夫人已经去世，克拉克先生又另外娶了一位太太，他们对待牛顿还是那样和蔼可亲。

牛顿走后，他的房间没有人住过。他推开门后，不禁大吃一惊，里面的摆设竟然没有任何的改变，和他走时一模一样，只是桌椅比以前整洁了许多，肯定有人打扫过。那会是谁呢？牛顿在思索着，突然听到身后一声尖叫："牛顿，你回来了！"

牛顿被突如其来的一叫吓了一跳，回过头来，脸上露出了笑容。

"斯托瑞！是你吗？我回来了！"

牛顿面前站着一个温柔、淑女般的少女，牛顿第一次来克拉家时，就和斯托瑞建立了深厚的友谊。

"斯托瑞，真不好意思，给你添麻烦了。"

"嗯！没关系，请坐！"

牛顿立刻搬来一张椅子坐下，问她还有什么需要帮忙的。

斯托瑞慢吞吞地说："你上次给做的那张椅子，现在有点小问题，有只脚老是在摇动，总感觉椅子不能平衡。能不能帮我修一下？"

"好啊！没问题！你赶快拿过来吧，我很快就帮你修好。"

斯托瑞立刻跑到走廊上把椅子搬了进来。"哦！原来你是早有预谋了。"

"是啊！我想你不会拒绝的，所以我事先准备好了。"斯托瑞不好意思地说着。

还没等斯托瑞说完，牛顿就拿起了铁锤，"叮叮当当"敲打起来，不一会儿椅子就修好了。

牛顿走后，斯托瑞想尽了各种办法，来打听牛顿的消息。她每天都会到那个小房间里，摆弄这个，玩玩那个，回忆他们在一起的快乐时光。

此时，牛顿已经回到了斯托瑞身边，她反而激动得说不出话来，她含情脉脉地瞧着牛顿的脸，不禁流下了两行热泪。

"牛顿，你好吗？"说完，她的脸红彤彤的，害羞地低下了头。

"好，我很好呀！你呢？"牛顿似乎也感觉到了什么，话语有些结结巴巴。

牛顿是非常喜欢斯托瑞的，每当他拿着书看，感觉到很累时，就会做一些椅子、盘子或放布娃娃的架子送给她。

斯托瑞也喜欢牛顿，没有什么家务活可做时，她就会跑到牛顿的房间去，和他聊天，和他一起制作玩具。有时两个人常常聊大半天。如果斯托瑞一天不来，没有人陪自己聊天，牛顿便会感到有些寂寞。

在一次上课的时候，牛顿因为想到了斯托瑞的身影，不觉出了神，因此，受到了同学的嘲笑。

这样，牛顿和斯托瑞就坠入了爱河。

这次的爱情是牛顿一生中的第一次，也是最后一次，似乎他俩还在私下里订了婚约。但是现实是无情的，这种深厚友谊和少年爱情没有持续下去。

本来就觉得不可或缺的东西在失去后又重新拥有时，就觉得更加珍贵。回到课堂和自己心爱的书屋，牛顿如饥似渴地汲取着书上的营养，他的学习态度近乎疯狂。

这时他的学识早已超过了班上的同龄人，从古典诗歌到天文、地理，无不涉及。

克拉克家的藏书已经不能满足他的求知欲望，于是斯托克先生的藏书馆成了他的又一块肥沃的土壤，在这里的几百部图书上都曾留下牛顿读过的标记。

在牛顿的中学生活即将结束的时候，有一件事令牛顿激动不已。牛顿的母亲汉娜把她以前收藏的图书都给搬到了他的小卧室。这些图书牛顿在一生的求知路上都收藏着，给了牛顿非同寻常的动力。

牛顿的中学时代即将结束了，在他还整日学习、研读时，他的恩师斯托克和舅舅艾斯考夫便已为他的前途做好了准备。这两个引领牛顿走上科学之旅的人，决定要让这个可塑之才上英国最好的大学。他们相信，只有最好的剑桥大学三一学院才能给牛顿这个不可多得的科学才子一个真正的学习空间。

艾斯考夫曾是剑桥大学三一学院的毕业生，在那里有他熟识的朋友数学家巴罗，艾斯考夫相信牛顿如果师从巴罗定会有所成就。

斯托克也通过自己的朋友为牛顿争取去三一学院学习的机会。经过斯托克的推荐，剑桥大学三一学院经过评审接受了牛顿，并给了他减费生的特殊待遇。

上学路上偶遇绅士

牛顿在舅舅和校长的极力推荐下,来到伦敦剑桥大学,从此,他便开始了四年的大学生活。那个时候还没有先进的交通工具,只有行动缓慢的马车。可是,在牛顿的家乡,马车也很少有,所以,他只有靠步行去大学报到。

牛顿快乐地走着,这个平时沉默寡言的小伙子,现在表现得异常兴奋,时不时欣赏一下周围的风景。走累了就歇会儿,然后再走。

就这样一直走到伦敦的近郊,这时他感觉实在是走不动了,就坐在路边的一块石头上休息。刚刚休息片刻,抬头看看天,天空中不知什么时候飘来一大片乌云,紧接着刮起了大风。天肯定要下雨了,可是路上一个人也没有,这可怎么办,牛顿非常着急,不住地走来走去,渴望找到一个避雨的地方。

就在牛顿焦急如焚的时候,他听到从远处传来"嗒嗒"的马车声。牛顿脸上露出了一丝笑容,迅速站起来,向远处驶来的马车使劲地挥手。原来这辆马车也正是驶往伦敦的。

"你好!我可以顺便搭一下车吗?"牛顿急促地问车夫。"这是不行的,车里已经坐了两个人,现在都已经满了!"车夫摇着头说。

"既然这样,那好吧,谢谢!"牛顿感到很失望。

"让他上来吧!"这时车里的一个男人说。车夫打开门,让牛顿上了马车。

牛顿上车后发现车上确实有两位乘客:一位是穿着华丽的绅士,另一位是文弱的年轻女子。

他向那位绅士说道:"谢谢您!"

那位绅士也友好地把身子向前挪动了一点儿,给牛顿留一点地方,并回应了一句:"没关系,您请坐。"

牛顿还想说些什么,但张了张嘴,终于没有说出来。他身上穿着一件旧衣服,手里提的是旧的皮箱,这个皮箱还是舅舅当年上大学时用过的。牛顿的全部家当都在这里面了。

牛顿在马车的角落里坐着,时不时朝窗外看,外面还下着大雨。他又看了看绅士的高帽,感觉绅士很有气质,风度更是令人赞叹不已。

随后,马车里的三个乘客都不说话了,马车就这样飞驰着向伦敦市区驶去。

就在飞快奔驰的途中,"当"的一声,马车被什么东西挡了一下,使得马车左右摇晃起来,这时绅士的手杖也掉落在了地上,丝质的高帽向空中飞去,牛顿眼疾手快地伸手抓住了帽子,递给了绅士。

"谢谢,非常感谢。"绅士点头向牛顿表示感谢,并把头转向牛顿,问:"你到伦敦是去上大学吗?"

牛顿回答:"是的。"

绅士又问:"是剑桥大学吗?"

牛顿感到非常的惊异。"对,我是去剑桥的,您怎么会知道呢?"

绅士笑了笑,说:"我是根据感觉来判断的!"

这是牛顿第一次搭乘马车,也是第一次和陌生人说话,因而牛顿感到很不自在,尽管他有很多话要说出来,可是没有勇气说出口,只好回应了一声:"哦!"

绅士继续问道:"那么,你到哪个学院学习呢?"

牛顿回答说:"三一学院。"

"三一学院的教授是一流的,他们个个都非常优秀。"绅士的话让牛顿很感兴趣。牛顿目不转睛地看着绅士,等他讲述一些关于大学的事情。

那位绅士接着说:"大学与中学有着很大的区别,它不是中学的延伸和继续。大学原本就是学生组成的一个团体,那些想读书做研究的人,不管是年轻的还是年老的,都可以任意组成团体,聘请名师来讲授知识。这就是大学的起源。一定要牢记这种精神。"

牛顿和绅士的谈话很投机,好像有说不完的话。可就在这个时候,坐在牛顿对面的那位女士,总是把身子向前倾。

"哦,不好意思,让你受委屈了!那好,请你坐这边来吧!"绅士站起身来,把自己的位子让给女士,他自己坐在靠窗的位置上。

牛顿觉得挺奇怪的,不明白这是怎么回事。当绅士拉了拉衣角时,牛顿这才明白过来。原来,女士的位置刚好靠着窗子,外面的冷风夹着雨点吹进来,使她感觉有点儿凉,有点儿受不了,就不断地把身子往前倾。牛顿被绅士的这个举动深深打动了。

马车到了剑桥，牛顿和绅士都下了车。牛顿看看周围的一切，一声不吭地跟在绅士后面。当他们走到一个十字路口时，绅士指了指前面的道路，并告诉牛顿这就是去三一学院的路，说完后他就消失在繁华的街道中了。

　　牛顿站在那里很长时间都没有动，他被绅士的高雅气质深深吸引住了，很想再和他聊上几句。于是，他下定决心，一定要用功读书，将来也要成为这样的绅士。

　　这是牛顿终生难忘的一天，马车上的这位绅士给了牛顿精神上的鼓舞，也给了牛顿开始新生活的巨大力量。

喜欢思索的自费生

在当时,英国的综合性大学都是由多个学院组成的,剑桥大学在牛顿入校时增加到了16个学院。每一所学院的创始人和学院的教学目的及管理方法都不是相同的,它们分别为独立的学院。牛顿入学的三一学院,是圣父、圣子、圣灵三位一体的意思。

三一学院因为宗教色彩比较浓厚,再加上统治者的骄傲专横和愚蠢至极,英国教育界的学术氛围几乎没有受到哥白尼等人开创的科学革命的影响,亚里士多德仍然像神一样受到膜拜,古代史、古文、逻辑和语法成为学校的支柱性学科。

在内战期间,王党与共和党经常因学校的教育问题吵个不停,有一批崇尚科学的教师被王党赶了出来。后来,在克伦威尔的掌权下,对剑桥大学进行了改革,所有保守没有新思想的教师都被逐出校门,一时间,科学活动盛行,那些崇尚科学的名人志士便向剑桥靠拢。

三一学院是剑桥大学中规模最大、名声最响亮、财力最雄厚的学院之一,拥有全剑桥大学中最优美的建筑与庭院。它是由英国国王亨利八世于1546年修建的，其前身是1324年建立的迈克尔学院以及1317年建立的国王学堂。学院中依然保留着最古老的建筑，可一直追溯到中世纪时期国王学堂所使用的学院钟楼。三一学院的教堂是由亨利八世的女儿玛丽·都铎于1554年修建的，虽然整个教堂的内部装潢要到18世纪才能全部完成。

伦敦的繁华有些令牛顿应接不暇，车水马龙的街道更令他感觉有些不适，他感觉有些茫然，城市的喧闹不免使他留恋起家乡小镇的清幽。

清幽的小镇里确有不少值得留恋的记忆，那里有克拉克夫妇、斯托克校长，还有舅舅、母亲，更有他生活了五六年的克拉克先生家阁楼上自己的安乐窝，在屋中有自己的各式工具，多年积攒的手工作品，还有自己闲来无事创作的只有自己欣赏的绘画杰作，好像走时墙上的作品还没收起来呢。

牛顿提着他的旧皮箱，站在剑桥大学的门口。

三一学院的大门是1518—1535年建造的，显得雄伟壮观，令人肃然起敬。站在门前，牛顿下意识地觉得自己要开始一种全新的生活，顿时有些紧张起来，一阵凉飕飕的感觉从脊背直透脚尖，不知未来的生活会是怎样的。

牛顿来到剑桥大学的第一天，就被这里独特的气息所倾倒。

校园中繁花遍地，绿草如茵，各种风格的古老建筑隐没于绿荫之间。石阶路旁绿树柳荫，不远处幽静的湖面上有几只戏水的白天鹅。一贯喜欢观察的牛顿被这美景深深地吸引了，呆呆地望了好一阵。

在那草地中央有一个很大的喷水池，水柱喷得很高，在阳光的照射下显得非常明亮，有时还闪着亮光。草地上有许多学生在看书、聊天。

　　学校的校舍，给人一种古典、幽雅的感觉。校舍是用茶色砖建成的，在屋顶上，还有许多高低不同的小塔。

　　牛顿沿着铺满碎石子的小路，四处观赏校园的美景，不知什么时候来到了一座礼拜堂的门口，门前还塑有许多雕像，每座雕像的下方都有块牌子，上面有一些文字介绍。牛顿看了上面的文字，才明白凡是从这所大学毕业后，在社会上有伟大贡献的校友，学校就会为他塑造一座大理石像，作为纪念。

　　牛顿望着那些雕像出了神，不知不觉，责任感和荣誉感涌上心头。他暗下决心，自己也要成为有出息的人！

　　牛顿是以自费减费生的身份进入三一学院的。所谓"自费减费生"就是靠做一些服务工作，得到一些费用后，依靠这些费用来维持生计的学生，服务对象有研究员，也有与研究员同桌吃饭的大学生和自费生。

　　"校助减费生"和"自费减费生"是剑桥大学司空见惯的专用词，在牛津大学而被称为"工读生"，这使得学生的地位非常明了。三一学院的章程规定：他们是减费生中比较困难的学生，在对他们进行规定时主要依靠基督教徒资助穷人的要求。章程规定同时还可以招13名校助减费生，其中3名主要为院长服务，另外10名为研究员服务。

　　章程还规定：自费减费生与校助减费生录取方法是相同的，所遵守的规矩也是一样的，但他们要付费听课，伙食也是自理。也就是说，自费减费生和校助减费生同样要为别人服务，但是如果没有校方的资助，是为研究员服务，还是为与研究员同桌吃饭的大学生和自费生服务，完全由别人来决定。两种减费生的地位其实是相同的，都在剑桥的底层，这是英国社会差别的体现。

牛顿是如何成为减费生的呢？原来他母亲是不同意让他继续学习的，后来学校给他免去了40先令的学费，这才送他回学校。现在虽然他母亲能够供他上大学，但又舍不得出钱。虽然她的年收入也许超过了600英镑，但牛顿每年只收到10英镑的生活费。

大学四年里，牛顿只交了一个朋友，名叫约翰·威金斯。威金斯是1663年1月进入三一学院的，他的性格和牛顿十分相像，并且也有伟大的抱负。

开始，他们两个被分别安排到和其他富家子弟共处的寝室，每个寝室住三四个人。这些富家子弟大多数是不太看书的，他们到这里来完全是为了捞文凭镀金，寻找步入上流社会的踏脚石。

因为寝室里经常是摸牌赌博、酗酒吵嚷，毫无学习氛围，于是，威金斯和牛顿商量了一个办法，两个人向校方提出调换寝室申请，结果学校把爱吵闹的学生调开，让他们在一块儿。

牛顿和威金斯同窗共读了四年。在这里，他就只有这么一个好朋友，他和少年时代一样，还是特别喜欢独来独往。

除威金斯外，牛顿与其他同学没有建立起任何友谊，尽管他与其他同学共同在三一学院生活到1696年，就连他与威金斯的关系也不是特别密切。

因此，在牛顿成为英格兰最有名的哲学家时，没有一个同学留下有关牛顿的学术研究或者生活方面的片言只语。

威金斯也是个自费生。三一学院并不像其他学院一样把减费生区分开，院方也不给他们规定独特的校服，因此，减费生与自费生同室居住也有可能。

这种情况下，牛顿也许会在其他减费生中寻找到很好的朋友。

一般来说，这些学生都比较严谨。尽管进入剑桥的自费生中只有三分之一继续读学位，可减费生五个之中大约就有四个开始攻学士学位。

从整体上来看，他们这个群体显得单调乏味，观点狭隘务实，这些下层青年都希望得到基督式的宠爱，以此来作为进步的阶梯。

牛顿18岁时进入三一学院，要比平均年龄大一两岁，这也是使牛顿与同学隔离的一个因素。

像牛顿这样的天才，无论在什么样的社会及任何年龄的人群中，都不是那么容易找到朋友的。格兰瑟姆那位沉默冷静、喜欢思索的少年牛顿，成了剑桥大学的孤独者。

幸运结识巴罗教授

到了剑桥三一学院后,牛顿在学习方面感受到了压力,他感到自己与来自全国各地的其他优秀青年相比有着很大的差距,并且是他在一段时间里都无法弥补上的差距。

进入三一学院后,牛顿选修了数学专业。在数学方面,牛顿与其他人相比差距更大。他在中学时学习的课程主要是拉丁文语法,关于数学讲得少之又少,虽然他自己曾经看过一些有关数学的文章,但由于不系统,在脑中并没有成型的系统的概念性的东西。

牛顿进入三一学院后,与其他的所有本科生一样,一位叫本杰明·普林的名不见经传的希腊语教师成了他的指导老师和代理家长。普林在数学方面最多只能给牛顿一些鼓励,就算有些帮助也是微乎其微的。

没有任何记载说明牛顿在数学方面接受过其他人的指导,因此,就像牛顿自学其他许多知识一样,他也自学了数学。

牛顿自小便有超强的自学能力,他在中学阶段曾经有一段时光非常厌恶上学,因为他觉得上学有些浪费时间,有些时候还学不到想学的东西,老师手中的教鞭让他一见就感到心寒,因而他把学习的重点放到了在家中的自学。也许就是这段经历，使他发现了自己的特长，并且自信自己能够通过自学来完成预定的学习内容。

牛顿并没有脱离兴趣去研究数学，他是按照自己喜欢的方式循序渐进地不断进取的。据法国数学家、牛顿未来社交圈中的一员亚伯拉罕·德·莫伊维说，当牛顿刚进入三一学院不久念本科生时，他去斯特布里奇集市，出于好奇买了一本占星术的书，他读到解释天体的部分。由于缺少三角学的知识，他又买了一本三角学方面的书，但他不能完全读懂其中的内容。这样他不得不找到古代几何学家欧几里得的作品，但又觉得太简单了，不过他很快就明白了自己低估了欧几里得的证明，于是又看了第二遍。

据说牛顿后来又看了威廉·奥特雷德的论文《数学秘诀》和笛卡儿富有启发性的解析几何著作《方法谈》。牛顿发现这些著作非常难懂，必须逐步掌握，并反复把这些著作看了多遍，形成了自己的数学理论体系。在入学三年后，牛顿的数学理论已经达到了很高深的程度，而且是任何同时入校的学生所无法企及的。

勤奋好学出了名的牛顿，除自学了数学知识外，也同样沉浸在古典文学的海洋里。柏拉图和亚里士多德的著作都是他阅读的对象，他还曾研究过修辞学、伦理学、逻辑学、历史学等许多学科。

现在在纪念牛顿的历史纪念馆中，还留着牛顿关于这些阅读的读书笔记，在笔记本的封皮上清晰地写着："艾萨克·牛顿，三一学院，剑桥，1661年"。

来到剑桥大学三一学院有一段时日的牛顿，每周在固定的时间内去拜访巴罗教授。在途中，牛顿想起了刚来剑桥时初遇巴罗教授时的尴尬情景。

那是牛顿到剑桥的第一天，手中拿着舅舅艾斯考夫写给巴罗的信笺,他刚走进剑桥三一学院的院门,迎面撞上一位身材魁梧的红袍绅士。牛顿吃了一惊,不知如何是好。

"你是新生?"红袍绅士问,其实他就是巴罗教授。

牛顿拘谨地回答:"是的。"

"是艾萨克·牛顿先生吗?"

"是的……"

巴罗教授温和地笑着,大方地伸出手:"真巧,我是艾萨克·巴罗。"

"啊,您好。"牛顿带着满口乡音回答道,接着把手中的信递给了巴罗教授。

"我已接到了艾斯考夫的信,在信中他已详细地介绍了你,否则我不会认出你。"

这是牛顿与巴罗教授的初次相遇,这时的巴罗还是一名三一学院的学者,牛顿因为是初次见到学者,所以感到有种压迫感,很拘束。

巴罗,这个不同寻常的学者曾走遍了地中海和中东地区,曾在肉搏战中打败了一个"饶舌的土耳其人",还曾勇敢地击退了袭击他们船只的马耳他海盗。

巴罗不仅是个训练有素、气质独特的传教士,还是一个对光学、解析几何、物理机械都感兴趣的科学家。特别是在数学方面,巴罗是个优秀的数学家,是研究欧几里得几何学的一流学者,以创立在曲线上作切线的方法而著名。

巴罗三十几岁时成为三一学院的卢卡斯讲座数学教授,他的到来,为三一学院带来了新鲜的空气。他不因循守旧,也不拘泥于古典传统,鼓励学生向多样化发展,应该从亚里士多德学说的束缚下解脱出来。

巴罗对于最新数学成就的理解无疑有助于三一学院的学生们加强对数学的理解，其中牛顿也是在听了巴罗教授的讲座后才引发了对数学的兴趣。

牛顿来到三一学院已有三年了，他的学习精神和知识水平渐渐引起了周围人的注意，本杰明·普林也多次向巴罗推荐牛顿。巴罗想通过今天的谈话，深入了解他的故交的亲戚。

"随便坐，别拘束。"巴罗说，"你对学习有什么进一步的要求？"

"我想在研究数学的同时学习有关力和运动方面的东西。"牛顿试探着说。

"那就困难了。数学倒是没问题，但力和运动却没人讲授，当然你可以自己研究。"巴罗在鼓励他。

牛顿并不感到没人指导是件可怕的事，因为小学也好，中学也好，大学也好，他所掌握的知识更多的是通过自学得来的。

"你对亚里士多德、哥白尼、伽利略是如何认识的？"巴罗接着问道。

牛顿把近几年来自己在求知的过程中树立起来的哲学观对巴罗一一道来，说话的时候，他自己感觉情绪有些激动。牛顿相信即便是名人的见解，也不一定都是真理，只有事实才是最好的证据。

接着巴罗又给牛顿讲起了古典学派。原来，古典学派是罗马教廷所支持的一个思想学派，教廷为了维护自己的教权，大力推行和维护古典学派的权威。该学派的学者们认为，哲学上的真理都已被亚里士多德和柏拉图所掌握，而神学上的真理都被《圣经》和奥古斯丁所掌握。所以，要想学到更多的真理，只要去读这些圣贤书就可以了。

巴罗教授又说道："伽利略研究天体运行得出结论，地球不是静止的，而是不断运动的。因为这种结论违背了教廷的说法，便受到了教廷的审判。但是他的重视观察和实验验证的研究方法，却是比结论更加重要的。这一点非常重要，你要牢记在心。"

牛顿被巴罗的话深深打动，他下定决心要学好各个学科。

巴罗看到牛顿与常人不同，有自己的独到见解，便喜欢上了这个求知上进的年轻人。

从此，牛顿和巴罗两人开始了持续一生的交往经历。牛顿从巴罗身上看到了一种目标，他认为自己就应该做像巴罗一样的人。巴罗也为结识这位前途不可估量的年轻人而感到高兴，他充分感受到了牛顿的才华，相信他一定能做出不可估量的成就。

在以后的几十年中，巴罗成了牛顿的良师益友，在精神上给了牛顿巨大的支持。

勤奋思索大胆实验

牛顿在剑桥大学所用的笔记本，是他入学后最早买的，正是这个笔记本，让他记录下了自己的读书体会，这个笔记本充分体现了他勤奋思索、大胆实验的治学风格。

牛顿在剑桥买得最早的两本书是霍尔的《编年史》与斯雷登的《四王朝》。虽然在牛顿的本科生笔记中没有留下什么读书心得，但是编年法却留了下来，并一直沿用着，这与他研究预言有着密切的联系，看来他对这点是比较感兴趣的。

根据牛顿在临终前的一次谈话来看，也就是在1663年的时候，他考察过天罡占星术，但是时间不是很长，因为占星术没有列入课程中。

语言学和哲学是当时比较流行的学科，也是当时知识界比较感兴趣的课程，生动形象，非常有活力。虽然这两门学科与所学课程不相融合，牛顿还是颇有兴致地学习了这两门课程。

他在本科学习期间，曾接触过这些文献，对语言学有了兴趣。但是这些兴趣没有坚持多久，便被哲学的兴趣给占据了，从此以后，他就没有研究过语言学。

他在记录学习心得时，是从笔记本的两端开始的，而中间大部分都是空白的。有两页记录着笛卡儿的形而上学，这两页使他正阅读的亚里士多德哲学突然停止了。

随后的几页成了"哲学问题表"，还写上了小标题，准备记录新阅读材料。再后面，他在标题"柏拉图和亚里士多德是最好的朋友"上方写下一句口号。不论后面再写什么东西，不再有柏拉图和亚里士多德任何观点。

学习笔记中的"问题表"，从头至尾都记录着读笛卡儿著作的心得，可以说牛顿把笛卡儿的著作完全吸收了，但是从来没有对亚里士多德这样做过。

事实上，牛顿没有完全沿着笛卡儿的思路走，他还读过奥尔特·查尔敦的英文概要和皮埃·加尔蒂的译本，也许还有其他的原著。他读过伽利略的《对话》，但却没有读过伽利略的《谈话录》。他读过托马斯·霍卜斯、亨利·莫尔、约瑟夫·葛兰威尔、罗伯特·波义耳、凯纳耳姆·第戈比等人的著作。

剑桥大学的学习和把牛顿引向新哲学没有多大联系。当时笛卡儿已是大名鼎鼎，也不需要导师再提出任何建议。应用笛卡儿的学说那是确定了的，尤其是剑桥大学的那些活跃分子。牛顿对笛卡儿也很向往，并下定决心来研究他。

除了笛卡儿之外，牛顿已经由一位作者引到了另一位作者，直至达到全新的思想天地。牛顿最终发现了自己在剑桥应该追寻的东西，并且将它们据为己有。这也正是剑桥的宽松环境所带给他的方便，也由于他的导师没有对他进行任何干扰，牛顿才得以毫无妨碍地追逐自己的兴趣。

在学习笔记中,牛顿定下许多小标题,以此来记录自己的读书心得。小标题从物质特性、地点、时间和运动等一般题目开始,到宇宙的秩序,接着是大量的感官特征如稀度、流度、软度,随后是关于剧烈运动、隐秘特征、光、色、视觉、一般感觉等问题,最后结束时的各种问题,有些在最初的目录中并没有出现。

不过,有的标题下面什么也没写,而其他的标题下面写得比较多,那一页写不完,就另找地方续写。说明问题表合理地表达出牛顿不断探索的精神。

牛顿这种探索的产物之一就是对永恒运动发生了兴趣。机械哲学所描绘的世界处于不断的流动之中。牛顿想到了各种设备如成型的风车与水车,以此来开发不可见物质的流动。

例如,他认为重力就是由一种不可捉摸的不可见物质下降而引起的,它作用于所有物体,使它们下落。"凡重力射线可通过反射或折射而制止的,就可通过这两种方法之一得到永恒运动。"他还画出了能使不可见物质流旋转设备的草图,在"磁学"的标题下,他也画出了模拟设备。

牛顿的推论,从整体上反映出了他的功绩,这也预示了他在科学生涯当中,将专注的课题以及他着手研讨的这些课题的方法。他列出了一组标题而且表达了它们的内容,这是牛顿的实验探询法的基础。

在"天上的物质与天体"这一标题下,牛顿增加了几个问题。他指出:"依据笛卡儿的理论,日食、月食是不可能发生的,因为坚实的物体和天上的流体物质都可以在旋涡中传递压力。在这些段落中,每一条意见都表示一个实验,一个对一种临界现象的观察。如果这种理论成立的话,那么这种现象就会出现的。"

在波义耳的著作当中，牛顿发现了试验这种理论的一个建议：将潮汐与气压计的读数联系在一起，就会得出同样的压力。

牛顿对光和视觉也产生了浓厚的兴趣，在做这方面的实验时，不需要任何设备，只需两只眼睛。当他全神投入进去时，从来不考虑任何后果。

在做一个幻觉实验时，他用一只眼睛长时间看太阳，直到眼睛看到的所有白色物体变成红色，黑色物体成了蓝色为止。"我眼中的精灵好像五彩斑斓的阳光迷住了，"物体慢慢恢复正常时，他就闭上眼睛，"增强自己看到太阳的幻觉"。

这时，他眼前就会出现各种各样的斑点，且颜色不一，他再次睁开眼后，白色的物体又变成红色，黑色的物体又变成蓝色，这就好像他一直在看着太阳，没有离开过似的。他得出结论：他的幻觉能像太阳一样充分激励其光感神经。

牛顿这样做实验，差不多要把他的双眼都给毁了，他只好停下来，接连下来的几天都待在黑暗环境中，这才使色彩的幻觉消失。从那以后，牛顿不再把精力放在太阳上了，但是从来没有让自己的眼睛停下来。

过了一年后，他在研究颜色的理论时，拿出了一把锥子，并放在眼睛与下眼眶之间，慢慢压近眼睛的底部，以此来改变视网膜的曲率，边压边观察出现的各种色圈。为了抓住机会去发现未知的东西，牛顿是从来不考虑后果的。

废寝忘食地学习

　　初来剑桥大学三一学院的牛顿是一名减费生，因此，他为比他小一到两岁的同学们准备过用餐，打扫过学院的庭院，清洁过厕所、教室，干过所有减费生需要干的活。

　　和其他学生比较起来，牛顿虽然有些辛苦，但他完全没放在心上，他更关心的是自己是否有机会获得更多的时间来学习。

　　牛顿认真求学的态度感动了院长，在院长的帮助下他获得了"仆役生"的资格。

　　仆役生也是同样需要通过劳动来换取减免学费和免费就餐的资格的。

　　牛顿要给一名教授做仆人，但幸运的是他的导师每年只有五周的时间住在剑桥的寓所中。这样牛顿便有更多的时间供自己自由支配，他可以把更多的精力用于学习上了。

　　时间是宝贵的，他在通往科学圣殿的旅途上躬身前行，把生命的火焰燃烧到了极限。他不愿浪费掉一丝的光阴，就连一秒的分神都令他心痛。

在同学们郊游、打扑克、下棋、唱歌、下酒馆时，牛顿把自己能支配的所有时间都用在了学习上。

时间对于牛顿来说是那么的宝贵。他每天需要做什么，都安排得紧紧张张，不留一点空余时间。即便是这样，牛顿还是感觉时间不够用，他真希望能有更多的时间用于学习。

1664年，牛顿终于获得了摘掉仆役生帽子的机会。

只要牛顿通过规定的学术考试，他就可以成为剑桥大学的一名学者了。牛顿当然没有错过这样好的机会，他如愿通过了学术考试，按规定成了一名学者。

这样一来，他不仅可以在学院里享受免费的饭食，而且还会有固定的薪水，不用再过减费生、仆役生的生活，可以自由自在地学习了。

三一学院的研究基金是只给那些享受学院奖学金的人的，全校只有21个优胜者奖学金名额。

按照学校规定，享受学院奖学金的人每人的年津贴大约是4英镑。

学校没有明确说明选择标准，虽然说需要是决定的因素，但很难设想完全不考虑学术上的发展前途。

三一学院的每个方面都对牛顿获得奖学金有影响。

当时整个大学实行的是赞助人制度，主要是靠影响力和各种关系，吃亏的就是那些没有任何地位及赞助人的学生，尤其是减费生。

那些享受特权的学生又成了牛顿获得奖学金的一大障碍。他们年复一年，很容易地拿走三分之一的奖学金名额，这样，他们当时的地位也最高。

整整一个世纪，三一学院的研究员有一大半都是来自特权学派。

1664年选出的奖学金获得者人数比以往多很多，这对牛顿来说是极为不利的，这也是牛顿学生生涯中唯一的一次。

如果牛顿没被选上，在剑桥占永久位置的一切希望都将会毁于一旦。

为此，牛顿开始重读逍遥学派的《物理学》。他利用所有的空闲时间，勤奋耕耘了另外两章。他感觉这些还远远不够，又开始阅读福西厄斯的《修辞学》和关于伦理学的著作。

从1661年进入剑桥大学三一学院起，一直到1664年，牛顿在这里度过了四年的难忘时光。

在这四年的时光中，牛顿的学识有了很大的进步，他由对科学的懵懂，逐渐站到了他那个时代的前列，虽有不足，但非一般人可比。

只要通过最后一次考试，他就能如愿拿到学士学位，他和几百位学士学位的候选人，参加了有几百年历史的学位考试。这是他拿到学位之前的最后一次障碍。

终于，牛顿在1665年春天如愿拿到了学位证书。

虽然牛顿不是全才，但牛顿在除文法外的其他科学领域都是很出色的。

在读书期间，他通过自己的不懈努力，取得了不少后世公认的一些发现，有些就是在完全封闭的状态中独立思考完成的。

这些发现牛顿并未在当时立刻就公开，但从后人的眼光来看，在这么年轻的时候就取得了这么大的成绩，如果它们不是发生在牛顿身上，这是不可想象的。

牛顿的才学博得了年轻的客座教授巴罗的认同，通过几年的学习交往，牛顿和巴罗已成为感情至深的好朋友。

巴罗决心把牛顿引向自然科学的更高峰，他决心让牛顿成为自己的助手，成为一名研究员。

巴罗是那个时代有影响力的数学家，能做他的助手不是很容易的事情，许多人都想谋得这个职位，这对于刚毕业的年轻人来说不仅仅是无上的荣誉，更难得的是，牛顿以研究员身份工作可以拓宽其研究的领域。

牛顿当选之后，就不再是减费生了，他可以享用学院提供的伙食，每年也会获得车马费和同等数额的薪金。

更重要的一点是，他有了四年的保证，可以在无约束的情况下进行研究，直到1668年他取得了硕士学位。如果他能获得研究员的位置，还有可能继续下去。

障碍排除了，牛顿可以全身心地投入自己发现的研究领域了。他在小学时表现出对自己感兴趣的事痴迷的程度，而在这个时期，则表现为成熟的智慧。这在他的笔记中，就隐含了那种犹豫已完全消失，取而代之的是男人那种专注的研究热情。

当牛顿一旦想要攻克某一难题的时候，经常是忘记了吃饭。

他留在盘中的食物都把猫给养肥了，他的这种习惯使他的同代人感到非常吃惊。他经常忘记睡觉，第二天早上他为发现了某个新命题而心满意足，至于没睡觉的事他早已忘记了。

影响至深的师友

牛顿所在的三一学院,其教育制度还带着浓厚的中世纪经院哲学的味道,传授一些经院式的课程,如语法、古文、逻辑、古代史、神学等。学院以培养"富有影响的精神贵族"而闻名于世。

但是,由于克伦威尔执政和查理二世的复辟,使得剑桥大学的日常教学活动受到了很大影响,曾一度"降到了教育历史上的最低水平"。

牛顿的导师是本杰明·普林教授,舅舅在上大学时,普林教授曾是舅舅的好朋友。

普林教授从接触到牛顿开始,就想把牛顿引上传统的正道,而牛顿却不甘心。

也就在这个时候,英国剑桥大学正处在清教的中心,这也是17世纪的知识分子动乱的中心。牛顿也受到了清教思想和伦理的影响。虽然他感到很孤独,但是,当他埋头于学习中时,便从中找到了乐趣,并且勇于创新思想,开创新方法,寻求新的科学之路。

普林教授与牛顿相处一段时间后,慢慢感觉到牛顿才华出众,智慧过人,这些传统的课程满足不了他的要求。于是,普林教授也不再限制牛顿的新思路、新方法，而且对牛顿独到的见解和想法更加鼓励，这样牛顿就可以放心地读书学习了。

1663年，三一学院出现了新气象，一个专门讲授自然科学的卢卡斯讲座在三一学院创办了。这个讲座主要讲授自然科学知识，如物理、地理、天文和数学课程。这是剑桥大学前所未有的，也是牛顿科学生涯中的一个转折点。

卢卡斯讲座由亨利·卢卡斯创办，他曾就读于剑桥大学，还代表剑桥大学当选为国会议员，1663年因病去世。他在遗嘱中声明，在三一学院设立一个专门讲授自然科学的数学教授职位，数学教授的薪水是仅低于学校校长的。

讲座的第一任教授艾萨克·巴罗是个博学的科学家。

巴罗出生在伦敦，他从小就被称为小神童，这一点牛顿是无法企及的。巴罗在14岁时，就已考入了剑桥大学的三一学院，那时他的学习成绩是非常优秀的。而牛顿在14岁时，还辍学在家，帮妈妈做家务活呢！

巴罗是一位很有才华的数学家，他是微积分的先驱，并在天文、物理、光学方面也有很高的造诣。

巴罗也是一位比较固执的王党分子，当克伦威尔掌权后，他为了躲避克伦威尔的抓捕，就到处流浪。后来，查理二世恢复了政权，他又重新回到了剑桥大学。他有着丰富的知识，又先后担任过哲学、希腊文、数学教授。在1672年，英王查理二世便任命他为剑桥大学三一学院的院长，还称赞他是"全欧洲最优秀的学者"。

巴罗有一句名言："一个爱书的人，他必定不至于缺少一个忠实的朋友，一个良好的老师，一个可爱的伴侣，一个温情的安慰者。"可以说，巴罗是把牛顿推向科学道路的良师益友。

1664年，牛顿的各科成绩都非常优秀，巴罗教授决定授予他公费生的资格。这样，牛顿看书学习的时间就比较充足了。

巴罗教授第一次见到牛顿后，就对他产生了好感。

巴罗教授主讲卢卡斯讲座以后，牛顿对他的才华更加佩服了，每次讲课，牛顿都要去听，从来不缺席。巴罗的讲课风格比较自由，灵活多样，又富于启发性，这给牛顿留下了深刻的印象，他自从接触到这些学科后，从来没有产生过这样的感觉，科学竟这么有意思，有许多奥妙深藏其中，牛顿被深深地吸引了，决定要探索那些奥秘。

巴罗教授看出了牛顿具有深邃的观察力、敏锐的理解力，于是将自己的数学知识，包括计算曲线图形面积的方法，全部传授给了牛顿。

在巴罗教授的指导下，牛顿开始阅读大量的自然科学和哲学著作。首先阅读的是伽利略的《恒星使节》和《两大世界体系的对话》，接着阅读开普勒的《光学》，随后阅读的是笛卡儿的《哲学原理》、胡克的《显微图集》，还有皇家学会的历史和早期的哲学学报。

牛顿在数学上很大程度都是依靠自学。他学习了欧几里得的《几何原本》、笛卡儿的《几何学》、沃利斯的《无穷算术》、巴罗的《数学讲义》及韦达等许多数学家的著作。

其中，对牛顿具有决定性影响的要数笛卡儿的《几何学》和沃利斯的《无穷算术》，它们将牛顿迅速引导到当时数学最前沿的解析几何与微积分。

牛顿不断在知识的海洋里寻找属于自己的东西，并用心钻研近代科学革命所带来的科学发明与成果。

1664年，牛顿发现了新分析学和新自然哲学，这是他科学生涯的开始。

巴罗教授是个天才，然而，就人类历史、科学史来讲，他真正伟大之处在于发现了牛顿这个伟大的天才,并使这个天才得到了更好的发挥。

牛顿在巴罗门下的这段时间,是他学习的关键时期。渐渐地,牛顿和比他大 12 岁的巴罗教授建立了密切的关系,他们既是师生,又是好朋友。这让牛顿感到很自豪,这是其他同学所没有的。

牛顿在剑桥学的知识越来越多,逐渐成了一个博学多才的学者。当他在回忆这段经历时说:"巴罗教授当时讲授关于运动学的课程,也许正是这些课程激发了我去研究这方面的问题。"

他曾在一本题为《一些哲学问题》的笔记中写道:"柏拉图是我的好朋友,亚里士多德也是我的好朋友,但我最好的朋友却是真理。"

牛顿在大学时代就已经立志要寻求真理。这主要是受教于巴罗教授才取得这一切的,也正是卢卡斯讲座改变了牛顿。

思念故乡的亲人

　　牛顿在大学的四年中,从没有间断与家人的联系,书信是他们唯一的联系方式。每到假期他都要回乡下看看,与家人度过一段快乐的时光。

　　牛顿在外面求学,最让他想念的就是外祖母了。他自小就与外祖母相依为命,使得童年生活增添了不少乐趣。当他决定来伦敦上大学时,外祖母非常难过。

　　那个时候,外祖母每天不停地做家务,到了晚上,就感觉腰酸背痛,刚开始还能挺过去,时间久了,身体就无法支撑下去了,最后落下了一身病。虽然外祖母也希望牛顿去大城市读书,学有所成,将来能有一番作为,可是心里总舍不得,毕竟牛顿和自己共同生活了许多年,她总是说:

　　"这孩子命苦,一出生就没有了父亲,身体也比较弱,以后不能让他再受委屈了!"

　　最后,她强忍着心痛让牛顿离开了自己。

　　牛顿去伦敦的那天,外祖母一大早就起床了,为牛顿准备路上吃的干粮。她坐在饭桌边看着牛顿津津有味地吃着她做的早点，微笑着说：

"我的好孙儿，你去那么远的地方读书，外婆真的舍不得呀！唉！"说着说着，外祖母把牛顿搂在怀里，伤心地哭了。

"孙儿，外婆也不知什么时候能再见到你！"

牛顿也忍不住心痛地大哭起来，他伏在外祖母怀里，边哭边说："外婆，您放心，我会经常给您写信的。若是到了假期，我一定会回来看您的。"

就这样，祖孙两人哭了很长时间，在家人的劝说下，才平静下来。

牛顿走时，外祖母一直送他到村口，临走时，外祖母从怀里掏出了一个小布包。打开后，牛顿发现里面都是些零用钱。她舍不得花，全都给了牛顿，并语重心长地说：

"孙儿，这点钱你慢慢用吧。一定要好好学习，回来后给外婆汇报你的好消息！"

牛顿走后没有多久，外祖母就放心不下了，每天都惦记着孙儿，想着孙儿能够回来看看自己。很快，牛顿来信了。她总是第一个拆开信，直到读了两三遍，才把信交给其他人。外祖母有时为牛顿取得好成绩而欢心喜悦，有时也为牛顿受到挫折而伤心落泪。

不知不觉中，这样的生活过了四年。当牛顿又回到外祖母身边时，外祖母高兴得合不拢嘴，整整一天脸上都挂着笑容。

这时的她不再是体衰的人了，也感觉不到自己身体的不适了，两袖往上一卷，亲自到厨房，为牛顿做起了他最爱吃的菜，祖孙俩的亲情，引来了全村人的羡慕。

牛顿和弟弟妹妹们相处得都很好，从来没有和他们斗过嘴，即使弟弟妹妹们有些顽皮，他也总是让着他们。所以每次放假回来，弟弟妹妹们都高兴得欢呼起来。然后，兄妹几人围坐在一起，他们有讲不完的话，有做不完的游戏。

由于受到牛顿的影响，他们几个都是那样乖巧。本杰明更突出一些，他年纪最小，但他最有心计，他把牛顿留下来的工具都放在自己的小屋里，每天也像牛顿一样敲敲打打的，他说要像哥哥一样，成为"大发明家"。

当牛顿回到家乡时，弟弟妹妹们都跑着跳着到村口去接他，母亲看到牛顿学者般的模样，也很欣慰。

一个夏日的午后，显得格外炎热，大家都坐在大树下乘凉，唯独牛顿不顾炎热，待在屋里思考问题。

牛顿正专心思考时，却被一只飞来飞去的苍蝇扰得心神不宁。这些讨厌的家伙也知道屋外待不得，于是三五成群地躲进屋子里来乘凉。它们闲得无事可做，便你追我赶地玩起来。

这一下可把牛顿给惹火了，他愤怒地站起来，瞄准了蝇群便大手一挥，试图捉住它们。

就在他忙得不可开交又没有收获时，书房的门响了。

"哥哥，我是哈娜，你在忙什么呢？"是妹妹哈娜来了。

此时的牛顿还是专心地盯着苍蝇不放，他的眼里也只有苍蝇了。付出总有回报，费了大半天工夫，总要捕到一只苍蝇的，最终，他在一本旧书上找到了一只苍蝇。

牛顿看到胜利的果实，表现得异常兴奋，就像是一个小顽童，欢快地跑到窗前。

牛顿见哈娜一脸的疑惑，忍不住笑了，说："没事的，哈娜！对了，你来找我有什么事吗？"

哈娜被他这么一问才记起来，她是来叫牛顿去客厅的，因为舅舅马上就到了。一听舅舅要来，牛顿高兴得合不拢嘴，也顾不上别的，推门就要往外跑："你怎么不早说？"

哈娜很委屈地自言自语："还怪我不说！自己在那里莫名其妙地和苍蝇说话，都不顾我了，我怎么有机会给你说！"

牛顿听到妹妹这样说，也觉得自己有错，实在是对不住妹妹，赶紧向妹妹道歉，然后，兄妹俩又都开心地笑了。

创立微积分理论

回到剑桥后，牛顿又开始了他的研究工作。牛顿的最大成就是在数学方面。早在 1664 年和 1665 年间冬天，牛顿就仔细阅读研究了沃利斯博士的《无穷算术》，并在此基础上创立了微积分理论。

笛卡儿的解析几何把描述运动的函数关系和几何曲线相对应。牛顿在老师巴罗的指导下，在钻研笛卡儿的解析几何的基础上，找到了新的出路。

可以把任意时刻的速度看成是在微小的时间范围里的速度的平均值，这就是一个微小的路程和时间间隔的比值，当这个微小的时间间隔缩小到无穷小的时候，就是这一点的准确值。这就是微分的概念。

求微分相当于求时间和路程关系在某点的切线斜率。一个变速运动的物体在一定时间范围里走过的路程，可以看作是在微小时间间隔里所走路程的和，这就是积分的概念。求积分相当于求时间和速度关系的曲线下的面积。牛顿从这些基本概念出发，建立了微积分。

微积分的创立是牛顿最卓越的数学成就。牛顿为解决运动问题，才创立这种和物理概念直接联系的数学理论的，牛顿称之为"流数术"。它所处理的一些具体问题，有切线问题、求积问题、瞬时速度问题以及函数的极大值和极小值问题等。

在牛顿之前微积分已经得到了人们的研究，微分和积分的思想在古代就已经产生了。

公元前3世纪，古希腊的阿基米德在研究解决抛物弓形的面积、球和球冠面积、螺线下面积和旋转双曲体的体积的问题中，就隐含着近代积分学的思想。

作为微分学基础的极限理论来说，早在古代已有比较清楚的论述。比如中国的庄周所著的《庄子》一书的"天下篇"中，记有"一尺之棰，日取其半，万世不竭"。

三国时期的刘徽在他的割圆术中提到"割之弥细，所失弥小，割之又割，以至于不可割，则与圆周和体而无所失矣"。这些都是朴素的，也是很典型的极限概念。

到了17世纪，有许多科学问题需要解决，这些问题也就成了促使微积分产生的因素。归结起来，大约有四种主要类型的问题：

第一类是研究运动的时候直接出现的，也就是求即时速度的问题。

第二类问题是求曲线的切线的问题。

第三类问题是求函数的最大值和最小值问题。

第四类问题是求曲线长、曲线围成的面积、曲面围成的体积、物体的重心、一个体积相当大的物体作用于另一物体上的引力。

17世纪的许多著名的数学家、天文学家、物理学家都为解决上述几类问题做了大量的研究工作，提出了许多很有建树的理论，为微积分的创立做出了贡献。

牛顿超越了前人，他站在了更高的角度，对以往分散的努力加以综合，将自古希腊以来求解无限小问题的各种技巧统一为两类普通的算法，即微分和积分，并确立了这两类运算的互逆关系，从而完成了微积分发明中最关键的一步，为近代科学发展提供了最有效的工具，开辟了数学上的一个新纪元。

应该说，一门科学的创立绝不是某一个人的功绩，它必定是经过多少人的努力后，在积累了大量成果的基础上，最后由某个人或几个人总结完成的。微积分也是这样，是牛顿在前人各自独立的基础上建立起来的。

后来，在1707年，牛顿的代数讲义经整理后出版，定名为《普遍算术》，主要讨论了代数基础及其在解决各类问题中的应用。

书中陈述了代数基本概念与基本运算，用大量实例说明了如何将各类问题化为代数方程，同时对方程的根及其性质进行了深入探讨，引出了方程论方面的丰硕成果。例如他得出了方程的根与其判别式之间的关系，指出可以利用方程系数确定方程根之幂的和数，即"牛顿幂和公式"。

牛顿对解析几何与综合几何都有贡献。他在1736年出版的《解析几何》中引入了曲率中心，给出密切线圆，或称曲线圆概念，提出曲率公式及计算曲线的曲率方法。

他还将自己的许多研究成果总结成专论《三次曲线枚举》，于1704年发表。此外，牛顿的数学工作还涉及数值分析、概率论和初等数论等众多领域。

苹果落地的启示

从1665年6月一直到1667年年底，在这两年半的时间里，英国暴发了淋巴腺鼠疫，这种病被人称为"黑死病"。瘟疫的蔓延打破了剑桥大学原来井然有序的生活，迫于无奈，1665年10月，剑桥大学的评议会投票决定关闭学校。

牛顿坐上驿马车返乡，在家乡开始了平静的生活。他在大量阅读从剑桥带回的各种书籍的同时，还把在剑桥时的许多研究工作做了整理，通过整理他把原有的凌乱的各种想法重新规划，在头脑中形成了系统，这其中就包括数学方面。

在大学期间牛顿就一直考虑一个数学问题：一个运动的物体不断变化的速度和由这种速度变化引起的物体路径的不断变化，这样复杂的问题该如何解答呢？

其他的数学家也曾着手研究过这个棘手的问题，并取得了一定的进展，但他们也没有提出一种能应用于所有此类问题的通用解法。

虽然牛顿是个数学天才，但他绝不单纯是数学家，研究数学也不是他的目的。牛顿的目的是要在先辈的成果之上更好地研究自然奥秘，他是一个自然哲学家。

但是，牛顿比别的自然哲学家似乎看得更明白，如果没有数学这个强大的工具，大自然奥秘之门的启动是困难的。牛顿是把数学作为工具来研究和掌握的。

一天，牛顿看见自己的弟弟和妹妹在做游戏，他们用一条线拴住一个石子，用手抓住线的另一头，摇动石子。

石子在他们周围画出一个又一个标准而又美丽的圆圈，而那条线也成了笔直的一条线。

他好像受到了启发，也像弟弟、妹妹一样，用线拴着石子，转着身体摇动着、摇动着，边摇边想："石子围绕着我旋转是我通过线牵引的，而太阳给予行星、地球给予月亮的是什么力呢？"

这样想着的时候，突然有一刻他的思维凝住了，在他失神的一瞬间，线由他手中脱开，石子脱离了原来的路线，沿着直线的方向向前飞出了很远。

牛顿吓了一跳，从原来的思考中回过神来。他感到好像已经捕捉到了什么东西，但一晃又消失了。带着这若有若无的情绪，牛顿回到了楼上，长时间不能入睡，百思不得其解。

小村庄里的秋天是最惬意的季节，在这秋高气爽的日子里，牛顿信步来到户外后院的花园中，苹果树上挂满了又红又大的苹果，空气中散发着诱人的清香。牛顿找了一棵树，在树下又一次陷入了沉思，开始思考起他一直没有弄明白的天体运行问题。一个苹果从树上掉了下来，正好落在牛顿的脚下。

这次一个苹果的偶然落地，却带来了人类思想史上的一个转折点，它使坐在花园中的这个人开了窍，引起了他的沉思：为什么这个苹果会落向地面呢？为什么它不会飞到天上呢？它一定受到了某种力的作用。

对呀，不光是苹果，地球上的一切物体，只要你把它抛向空中它们都会下落到地面，它们一定是受到了来自地球的某种力的作用。牛顿认为这种力不是磁力。后来，牛顿这样写道：

"重力具有与磁力不同的性质，因为磁的吸引力并不与被吸引的物体成正比。有的物体受磁铁的吸引强一些，有的弱一些，大部分物体则根本不受其作用。在同一个物体中，磁力可以增大或者减少，而且有时对于一定的物质其量远比重力的强。"

牛顿考虑到了引力，但引力究竟又是什么，怎样来证实它的存在呢？他想到伽利略。伽利略对落体运动、惯性运动和抛物体运动的深入研究，使"力"的概念发生了革命性变革。

自亚里士多德以来，人们一直认为物体之所以发生运动其原因就是力。伽利略却证明不是这样的，物体有一种惯性，运动者完全可以自己长期运动下去，而不需要力的作用；力只是物体产生加速或改变方向的原因。

这就意味着，天文学家需要解释的问题不是行星为何不断地运动，也不是行星为什么不严格按圆周运动，而是行星为什么总是绕太阳做封闭曲线运动，而不做直线运动跑到外部空间去？月球也是这样。牛顿很快地从伽利略的抛射原理中得到了理解。

伽利略在研究抛物运动时发现，一个沿水平方向抛出的物体同时具有两种运动，一种是水平方向上的匀速直线运动，一种是垂直方向上的匀加速运动，即自由落体运动。

这两种运动合成的结果便使抛物体沿着一曲线轨迹下落，这个轨迹就是抛物线。伽利略证明：在抛射初速度一定的条件下，当抛射仰角为45°时，抛物体的射程最大。当抛射仰角一定时，抛物体的射程则取决于仰射的初速度和高度。

牛顿设想：把一块石头按水平方向抛射出来，如果没有地心的引力和空气的阻力，它会恒久地沿着直线匀速行进；但在引力和阻力存在的情况下，它就会沿着一条抛物线的路径落在地面上，抛射的初速度越大，石块落地之前行经的路程就越远。

牛顿终于发现了这个力就是重力，它和地球上使苹果落地或石块落地的力是同一个力！

牛顿在发现这一理论后由于数学方面的制约，一直没有推导出适用于这一理论的公式。

他便把精力放到了解决数学问题上，等微积分的理论完整后，他才对自己的猜想作出了精确的计算推理确认。

在后来的20多年的时间里，牛顿认为这一理论无懈可击，才在别人的劝说下公布了自己的理论。

人类对于光线的认识最早是亚里士多德的理论，他认为各种颜色都是由亮色和暗色所组成的，即白色和黑色组成的。到了牛顿那一时期，这一观点仍被大多数的科学家所接受。

这个观点认为在所有的颜色中，红色是最强的、改变最少的、最接近纯白色的颜色；而蓝色是最弱的、改变最多的、最接近于黑色的颜色。但人们普遍相信光谱中的各种颜色都是由白光变化而来的。

牛顿却不这么认为，通过观察认为，这种理论的正确性值得怀疑。他通过实验得出的证据也不支持这种说法。

他曾用三棱镜仔细观察过光线，各种光线通过三棱镜后，在墙壁上留下了赤、橙、黄、绿、青、蓝、紫几种颜色，无论怎样改变三棱镜的角度这种排列都是不变的。

虽然牛顿还没有就此得出结论来推翻亚里士多德的关于光线的

理论，但他坚信那种关于光线的简单解释是不正确的。

在一阵暴雨过后，伍尔索普这个英国的小村庄沉浸在雨后的清新当中，阳光也透过云层显现出来。随着太阳的出现，一弯彩虹也斜挂天边。

这美丽的彩虹，引来了人们许许多多的遐想，不少美丽动人的传说都与它有关。看着这美丽的彩虹，牛顿想，它是如何产生的呢？

牛顿通过观察彩虹现象细心地发现，彩虹光谱的排列与他在实验室中观察到的色彩排列是一样的，都是按照赤、橙、黄、绿、青、蓝、紫的顺序排列的。

是呀！为什么它们都按照这种固定的方向排列呢？根据以前的实验的经验，牛顿现在已有了一套成熟的实验方法，他预感到，通过这次实验将要观察到一些重要现象。

这项实验对于当时的人们来说是新奇的。牛顿把楼上朝南的卧室密封、遮严，在白天室内也是漆黑一片。

然后，他在窗板上钻一个小孔，让从孔中射入的光线经过一个三棱镜，结果光线就准确而清晰地投到了对面的墙上。

但令他惊奇的是，光线投到墙上的光谱呈现的是长条状，是长方形的光带，这条彩色光带很有秩序地排列着赤、橙、黄、绿、青、蓝、紫七种颜色，不管怎样变换三棱镜或转动三棱镜，这种次序都不会发生变化。

这种现象，在光学里面称为"色散"现象，而把它的这种有秩序的排列称为"光谱"。

为了进一步研究这种现象，牛顿又做了一个实验，用一块透镜把经过棱镜折射后的光谱收集起来，发现它们将会重新会聚变成白光。

由此得出，白色是光的通常颜色。因为光线是从发光体的各个部分杂乱地散射出来的，而光是由带有各种颜色的这些光线所形成的一种混乱的集合体。

如果各组成部分互相间具有一定的比例，那么，从这样一种混乱的集合中就会产生出白色。

因而，具有高度感知力的牛顿认为，平常看到的白光是由赤、橙、黄、绿、青、蓝、紫七种颜色构成的。

当它们通过三棱镜时，根本没有发生变化。除了对光有了突破性的认识外，牛顿的另一个收获是，他通过光线射过三棱镜时留下的赤、橙、黄、绿、青、蓝、紫的光斑，如果对它们进行精确的计算，就会得出各自的折射率，那么就会产生折射率定律。

首制反射式望远镜

　　1667年4月,牛顿告别了家人,返回了剑桥。两年过去了,剑桥在瘟疫结束之后又焕发出了勃勃生机,来自于欧洲各地的学子操着十余种语言在交谈着。

　　园丁在忙着给树木剪枝,给花坛浇水。

　　牛顿深深地吸了一大口新鲜空气,脸上充满了对未来的希望。在重返剑桥之前,牛顿的心中已经形成了力学、光学、数学、天文学的理论框架。

　　回到寓所,刚刚打扫了一下房间,牛顿听到有人在敲门。"请进!"门开了,牛顿一看是巴罗教授。

　　巴罗教授惊奇地喊道:"噢,我是在校门口听说你回来了,便过来看看。欢迎你回来,牛顿先生。"巴罗教授伸出手去。

　　看到巴罗先生如此热情,牛顿十分激动,不知为什么,在巴罗面前,他总是没有任何顾虑,仿佛在两人之间有亲情关系似的。一番寒暄之后,两人开始切入正题,牛顿向巴罗教授谈起了这两年来在伍尔索普的生活、学习情况。

牛顿不知疲倦地向巴罗教授说着，说得最多的还是自己对万有引力、光学、天文学进行的思考与研究，讲到重点处，便拿出纸笔又写又画，全然忘记了晚饭时间已经过去。此时的他或许还不知道，这一阶段在其头脑中所形成的理论框架将注定使他震古烁今。

巴罗教授耐心地听着，时而欣喜地微笑，时而费神地思考以致拧紧了眉头。他发现，牛顿在这两年中学识有了巨大的飞跃，真应当对其刮目相看了。从牛顿在几个不同学科的基本思想上来看，他已经掌握了前人的精华，并在大量的实验基础上经过精心的推断论证，从而推导出自己的结论。巴罗教授还清晰地记得他送开普勒所著《光学》给牛顿的情景，但而今牛顿在光学上的研究与发现已远非开普勒所能相比了。

当牛顿还不大好意思地讲到，自己是因为受到苹果落地的启发才开始思考万有引力的问题时，巴罗教授心中不禁一动：天才！只有天才才能够发现蕴含在平凡之中的真理。

此时他知道，牛顿必将成为一名伟大的科学家，注定因其博大精深的思想与对世界无与伦比的贡献为后世所铭记。想到这里，巴罗教授欣慰地笑了。

"巴罗先生，你笑什么？"正说得滔滔不绝的牛顿看到巴罗教授突然笑了，十分不解。

巴罗教授真诚地说："哦，没什么，艾萨克，没有想到在这么长时间内你的学业研究竟一点儿没有荒废，我真的为你取得的成就而感到高兴。"

"啊，我只是想凭借实验解开心中的疑虑罢了，但要取得最终的结果，还需要大量的时间和优良的实验仪器。"

"这没有问题，现在学校已经复课，你的研究会慢慢地步入正轨。对了，你下一步有什么打算？"

"我想继续光学方面的研究，看能不能再发现些什么。"

这一晚，牛顿与巴罗教授谈天说地，评古论今，促膝长谈，直至深夜。

自此，两人都觉得他们之间的友情更加亲密了。

回到剑桥后，除了巴罗教授，牛顿并没有将自己的发现和发明告诉其他人，把没有考虑得完全成熟的东西拿出来炫耀，这一向不是牛顿所为，这种轻率的举动令他鄙视。

牛顿一回到学校，就一头扎进了他的研究之中。他在鼠疫期间产生的那些重大思想虽然在他外表上看不出什么，但是他的内心却是十分激动的。

牛顿非常清楚他的研究有许多问题没有明白，他必须继续探索，彻底弄清。然而，他被那些未知的问题深深地吸引住了，强烈的追求精神使他深深沉浸其中。

牛顿现在要做的第一件事就是制造出一架望远镜。在鼠疫期间，他对色散的实验和研究，使他确信找到了老式折射式望远镜成像模糊不清的原因，因而他急于要制造一架新式望远镜来验证自己的应用理论的正确性。

牛顿忙着用钻头、锤子、圆规、磁铁、棱镜和其他材料磨制玻璃透镜，加工金属构件。与此同时，牛顿还抽出一些时间，来完成自己的学业。

他曾到伦敦购置了研究光学和制造望远镜所急需的一些设备和材料，然后专心致志地研制反射式望远镜。

在牛顿以前，进行天文观测的仪器是折射式望远镜，它最初是由荷兰的一个名叫利特斯的眼镜匠所发明的。

当时，人们只是把它作为一种新奇的玩物，况且它的有效距离也不太远。到了 1609 年，伽利略通过改进，做成了折射式望远镜，从而运用于天文研究。伽利略的折射式望远镜是按照光的折射原理制成的，就是由两片透镜和一根长筒组成，靠近物体的透镜叫作物镜，而靠近观测者的叫作目镜。利特斯的望远镜只能放大 3 倍，而伽利略的望远镜可以放大 30 倍。

1609 年 6 月，伽利略用自制的望远镜，观测到了月球表面起伏的山脉和火山口。1610 年 1 月，他又发现了环绕木星的四颗卫星，还有太阳黑子现象。伽利略用他自制的望远镜进行了一系列的新发现，这开创了天文观测的一个崭新的纪元。伽利略因此被誉为"天空中的哥伦布"。

后来，开普勒又对伽利略的望远镜进行了改进，制成了开普勒望远镜，虽然仍是折射式的，但它克服了伽利略望远镜的范围小、不方便观测等缺点，同时，放大的倍数也显著提高了。因此，以后天文学观测多采用开普勒望远镜。

折射式望远镜，大大推动了天文学的发展进程。但是，随着观测精度的不断提高，折射式望远镜也存在着不足，望远镜的色差使观测的物像很模糊。为了解决这一问题，天文学家做了大量实验，最终找到了方法：使物镜和目镜的距离拉大。虽然解决了一时的问题，可也带来了许多不便。

到了 17 世纪中叶，随着天文事业的不断发展，人们需要一种简便、观测精确的望远镜来代替折射式望远镜。

完成这一伟大改进的人就是牛顿。牛顿通过在家乡的研究，发现了白光的合成性质，同时发现，由于每一条光线的折射率不同，从而形成色散现象。

正是这些发现让牛顿得出最后的结论：当时所用的折射式望远镜的主要缺陷不是由于物镜的球面成像差，而是由于物镜的色相而使得所成物像带有彩色边沿。

所以，根据折射原理制作的任何望远镜，都无法消除色相差这一毛病，只有根据新的原理制造反射式望远镜，这一问题才能得到合理的解决。

牛顿就在他那所靠近教堂的寓所底层的小房间里干起来了。他自己动手用小小的金属镜子来做反射式望远镜，他花了很长一段时间来磨光镜子的凹面，必须磨得非常光而且还带有一定的曲度，才能清楚地接受射来的光线并使之聚焦。这种别出心裁的装置被人们称之为"牛顿装置"。

牛顿利用光谱原理设计制造的望远镜就叫作牛顿望远镜。这是世界上的第一架反射式望远镜。这架望远镜很小，只有6英寸长，直径1英寸，然而却能放大40倍，并且是手工制造。

当他第一次在晚上用这架望远镜指向星空时，影像清晰明亮，颜色条纹的干扰完全消除了，也清晰地看到木星和它的4个卫星，找到了金星的位置。他实在是太激动了！

坚守岗位搞科研

返回剑桥12个月后,牛顿就面临着至关重要的研究员选举。

这是他迄今所面临的第一次选举,也是最重要的一次选举。就像三年前他对奖学金的名额竞争一样,这次选举结果关系到牛顿的整个未来。

这次选举关系重大,将决定牛顿是否继续留在剑桥大学,课题研究是否继续进行,也可以这样说,是否要回到林肯郡,是否回到他的家庭背景所能安排的乡村牧师职位上去。这所有的一切都将由这次选举来决定。

从表面上看,牛顿成功的机会不是很多。因为三一学院已经三年没有进行选举了,只有9个待补名额。

还有一部分学生享有某种特权,而政治影响也起了很大的作用,那些有关系的便接近王室成员,想方设法地弄到国王的委任信函,指定选举他们。

剩下的就只有靠院长和8位高级研究员来选择了,这使他们的地位与影响力陡然上升。

在9月的最后一周，候选人必须坐在教堂里4天，接受高级研究员们严格的考核。而这些课程，牛顿已经将近4年没有碰过了。

在这种形势下，这位往日的减费生不管付出多么大的努力，被选举的机会也是非常渺茫啊！

如果他也有人赞助的话，那么胜出的机会就大了。

如果这次选举成功，就会使牛顿成为学院委员会的永久成员，并且，按照他的个人理解，从此他便可以自由地做研究工作了。

1667年10月，牛顿如愿当选为学院研究员，只是这个研究员的位置并不是那么重要。9个月后，牛顿从被授予文科硕士学位开始，他才正式登上了重要的研究员的位置。

授予硕士学位只是一个形式而已，但也从来没有听说哪个人拒绝过。

在以后的7年中，最后一步随时都会到来。

除两名特定成员外，学院60名研究员的任职，在获得文科硕士学位后，7年之内要获得牧师的身份。

1667年10月2日，牛顿成了三一学院的研究员。

获得了硕士学位后，牛顿在三一学院整整生活了28年。

这些年大致上也正是剑桥大学与三一学院最艰难的时期，因为这段时间国家正处于动乱时期。不论他当初的愿望是什么，都没有找到一个志趣相投的学者圈子。

牛顿作为一个追求真理的哲学家，他发现自己身处那些有了职位却还在找位置的人中间。

他的全部创造生活的背景也正是由于这一基本事实被染上了颜色。

牛顿还是不太适应学院的生活，这一点对他来说其实是非常有利的。

因为研究员生活中的琐事逐渐多了起来，完全可以将有希望的人给抹杀掉。

牛顿就是有着常人所不具备的精神。他不论在何种情况下，都会热情地用心钻研。他远离群体生活，自己独处，完全投入到了对知识的追求当中。

学院的管理手册上的记录充分证明了牛顿在校学习期间是极少离校的。他即使是离校了，一般也只是回家看看，但时间不是很长。

1669年，即学院管理手册指的是到1669年9月29日米加勒节结束的前12个月，牛顿有52个星期全在校；1670年，牛顿49周半在校；1671年，牛顿48周在校；1672年，牛顿48周半在校。

10年后，牛顿发现他去教堂的次数非常的少，因为他每晚都要工作到凌晨两三点。

通过这件事足以表明，牛顿一直都是在用心研究，而且很少中断，即使他晚上去教堂也只是去比较近的圣玛利亚教堂。

在他读本科时，学院的宽松管理就曾帮过他的忙，现在对他也是十分有利的。

牛顿的同时代研究员乔治·莫特和帕德利克·科克等人，在学院孤独、单调地生活了将近40年，既没有去教书，也没有做任何研究，校方也没有追究他们的责任，同样也不会追究牛顿的。

现在的牛顿认为：只需避开三件不可饶恕的过失，即犯罪、异教与婚姻，他的研究就能继续做下去。

事实上，牛顿真就是终生未娶。

接受数学教授一职

1669年春天,气候转暖,河流中的冰层开始融化,树枝也发出了嫩芽。人们脱去了厚厚的冬装,尽情享受春天带给他们的欢乐。

但这一切都与巴罗教授无缘,此时此刻,他正躺在卧室的床上,身上盖着两条毛毯,眼睛无神地望着天花板。

巴罗教授的身体一直不好,伤风、咳嗽、失眠,还发低烧。作为第一任卢卡斯数学教授,巴罗教授学识广博,无论光学、数学还是物理学的课程都可做到让学生满意。

如果能有一个人,学识和品德都能替代自己继续卢卡斯数学课程,让自己放手进行研究,那该有多好啊!巴罗教授不止一次地这样想。

其实巴罗教授心里倒真的有一个合适的人选,如果他当选,一定会很称职。而今,躺在床上的他似乎早已做好了决定,只待一个恰当的时机来捅破这层窗户纸。

一阵轻轻的敲门声打断了巴罗教授的思绪。巴罗教授有气无力地叫道:"进来!"

"巴罗先生，你好些了吗？"如此熟悉的声音，令巴罗教授精神为之一振：牛顿来了。

"啊，好多了，谢谢。你好吗，艾萨克？"巴罗教授见是自己最喜爱的学生，挣扎着要从床上坐起来。牛顿连忙阻止："我很好，刚刚下课，顺路来看看你。"

"你能来真是太好了，我正想找你谈一件事。"巴罗教授凝视着牛顿，"我已决定辞去卢卡斯数学教授的职务。"

"什么？"牛顿简直不敢相信自己的耳朵，他大大地吃了一惊，"为什么？"

巴罗教授苦笑了一下，说："我的身体状况大不如前了，从事课堂教学的同时再进行个人的课题研究，必定造成精力上的分散，因此我决定辞去数学教授一职，从此专心于神学、数学的研究。而且，我要你接任这个职位。我已经把这个意思口头转达给了校方，在完全康复之后，我会递交正式的书面报告。"

即使天立刻在牛顿面前塌下来，也不会让他比此刻更吃惊了，他搓着双手，说不出一句话来。

"同意吗？我想听听你的看法，艾萨克。"巴罗教授用企盼的眼光看着牛顿。

望着真诚的老师，牛顿心头一热，几乎掉下泪来。在以前，巴罗或多或少地跟他提过这件事情，但他只把这作为老师对学生的一种勉励。没有想到，巴罗先生竟会不顾其他人的反对推荐自己做他的后继者。

牛顿脸红红地说道："不，巴罗先生，我的年纪还轻，不能担任如此重要的职务。"

"那有什么关系，要担任这个职务，有广博的学识就够了，除了你之外，我实在想不出还有谁更适合这个位置。"巴罗诚恳地说，"不要再说了，艾萨克，你肯定能行，我相信你！"

知道老师是如此相信自己，牛顿心里清楚已经不好再推辞了，他站了起来，毕恭毕敬地给巴罗先生鞠了一躬："巴罗先生，感谢你的信任，我一定不会辜负你所托！"

两个人的手紧紧地握在了一起。

巴罗教授休息两个月后刚刚好些，便给学校方面写了书面申请，推荐牛顿做卢卡斯数学教授。巴罗的能力在剑桥是大家都公认的，在欧洲数学家中也有一定的影响，校方批准了巴罗教授的决定。

牛顿接受了这个象征着学术最高权威的崇高荣誉后，内心充满了无限的喜悦。这一职位的工作并不繁重，每星期只需要讲授一节课，和他的学生聚两次，来讨论他们所提出的问题。

由于牛顿这个时候的主要精力是研究光学，所以他决定讲授光学。但是牛顿讲课的情况却不太好：

他说话很慢，而且讲课时内容干巴巴的，声音不清，总之毫无生趣，这样学生听起来味道一般，这大概和他的不善表达有关吧。

另外，牛顿讲课的方法也与众不同，他不是逐步深入，循循善诱，而是直接把自己试验的结果或对某个问题的研究结论讲给学生，听起来没头没尾的，常常搞得学生摸不着头脑。学生开始有的打瞌睡，有的左顾右盼，到了后来干脆连课都不上了。

有时候，当一个学生都没有时，牛顿只得把他的讲义收起来，回去做他的实验，也许牛顿天生就不是一块当老师的材料。

如痴如醉研究科学

牛顿的专注精神，在科学界是出了名的。他对科学陷入了一种痴迷的程度，勤奋已不能准确表达他对科学的执着和热爱了。他几乎把全部的精力都用在了研究上，甚至在吃饭时、睡觉时，哪怕一分一秒也不浪费。

正是他这种对科学的态度，在生活中也闹出了许多笑话。

有一天，快到吃午饭的时间了，突然有人敲门。

"喂，牛顿，快开门呀！"那人大声喊着。

牛顿走出来一愣。

"您是？"

那人走过来握着牛顿的手说："怎么，把我给忘了，不认识了？"

牛顿想了一会儿，这才记起这位昔日的朋友，于是，满脸笑容地说："哦，原来是你呀，我们有很长时间没有见面了，你还好吗？"

牛顿与这位朋友很多年没有见面了，想着一定要好好招待他。

然后,让仆人准备了午餐。待要用餐时,牛顿觉得还缺少什么,于是对朋友说:"等我一会儿,我去拿存放了多年的葡萄酒,我们好好地喝一场!"

牛顿站起身就去拿酒了。

牛顿的实验室,就在客厅和厨房中间。当牛顿路过实验室时,突然想起还没做完的小实验,他情不自禁地走了进去,开始他的研究工作了。

过了很久,那个客人坐不住了,牛顿去了这么久,还不回来,自己一个人吃,又显得没礼貌。于是,他决定去看看是怎么回事。

当那个客人推开实验室的门时,他发现牛顿正在那里做实验。客人无奈地笑了笑,牛顿也想起了葡萄酒的事儿,他拍了拍脑门,不好意思地笑了。

牛顿总是认真钻研,一丝不苟,很少探亲访友,来访的人也很少,只有两三个,他们是吉斯的艾里斯先生,三一学院的罗汉姆先生和维贾尼先生。维贾尼先生是一个化学家。

牛顿没有什么娱乐或消遣的活动,也不骑马兜风、散步、打保龄球,更不做其他任何的运动。他觉得凡不是花在研究上的时间,都是浪费。

牛顿对他的研究丝毫不放松,很少离开房间,只是作为卢卡斯讲座教授,每星期要到学校去讲课,但是,他很少到饭厅用餐,除非某些公休日。

有一次,牛顿从早晨起就计算一个问题,中午饭都忘记吃了。当他感到肚子饿时,已暮色苍茫。他步出书房,一阵清风,感到异常的清新。突然想道:我不是去吃饭吗?怎么走到庭院中来了！于是他立即回头，又走进了书房。当他看到桌上摊开的演算稿时，又把吃饭的事忘得一干二净，立即又伏案紧张地计算起来。

发生在牛顿身上的事太多了，这都是与他的执着的研究分不开的，虽说这些都是笑话，但是若没有这种踏实、执着、一丝不苟的精神，怎么会有后来的那些伟大成就？

牛顿也曾说："不懈的追求使我获得成功。如果没有这份执着，成功对我来说，永远都只是梦想。"

成为皇家学会会员

1671年，牛顿在原来的研究基础上对自己制造的天文反射式望远镜进行了必要的改进，整体计算也精确化了，完成了新的反射式望远镜的制造工作。

这架新望远镜长25英寸，可放大38倍。采用铜锡合金制作的凹面反射镜使观测效果更加清晰，令人满意。牛顿受到巴罗教授的鼓励，他将这台望远镜送给英国皇家学会，征求他们的意见。

此时，他对行星的观测已经进行了很长时间，取得了许多宝贵的数据。在此基础上，牛顿大胆地提出了不同以往的行星运动的规律，更提出了地球并非正球体的设想。

牛顿的望远镜以其奇特的设想、新颖的设计和超常的性能，极大地震撼了英国皇家学会。渐渐地，从那台神秘的"魔镜"开始，人们知道了牛顿这个伍尔索普的年轻人。

此时牛顿的名气还仅局限于剑桥大学之内，他真正名声大噪是在这台反射式望远镜被送到当时的英国国王查理二世面前之后。

在 18 世纪，天文学在英国宫廷内十分受欢迎，正是在这种情况下，牛顿制作的新型反射式望远镜被英国皇家学会呈给了国王查理二世。在此之前，牛顿的名字已经传到了他的耳中。查理二世一看到这台望远镜便赞不绝口："好极了！设计得很别致嘛，对了……"他抬起头来问周围人，"是我们国家的人发明的吗？"其实他心里比谁都清楚。

马上有人恭谨地回答："是的，陛下明鉴，是剑桥大学三一学院的卢卡斯数学教授艾萨克·牛顿，他家住林肯郡伍尔索普。"

"嗯，很好，我们就是要多多培养和提拔这样的年轻人。"

牛顿凭借当选卢卡斯数学教授和反射式望远镜的发明得到了公众的承认，一时成为大众的话题，人人都知道这个年轻人发明的新型望远镜得到了国王的好评。

牛顿生性不喜名利及阿谀之词，对外界的反应倒也没有太放在心上。他只希望以后能够有一个更利于科学研究的环境，重要的是他迫切地想与其他科学的先行者进行进一步沟通。

1671 年，国王查理二世当着众多科学家的面邀请牛顿加入皇家学会。

但是说起来容易，做起来难。皇家学会是一个不受政府管制的科学团体，因此，国王的邀请只能算是一种介绍，并不一定成功，要想成为皇家学会的会员，必须要有一位德高望重的科学家或是社会名流推荐，然后，经主席团讨论后，再由全体会员投票通过才能当选。

要想得到委员们的信任和认可，必须要本人把自己的成就告诉他们，而此时的牛顿，仍然不喜欢表达自己，甚至不敢和那些反对者去理论。此时，又是巴罗帮了他大忙。

巴罗首先在他做祭司的皇家教堂说服了索尔茨伯里主教，成为牛顿的推荐人。索尔茨伯里主教是英国教会最德高望重的人，他在社会上享有很高的声望，也是著名的社会学家。

随后，巴罗又和牛顿找到了当时天文学界的著名科学家，牛津大学的瓦尔德教授，作为牛顿入选皇家学会的学术推荐人。

然后，牛顿经过精心的准备，在皇家学会的全体委员会上作了关于反射式天文望远镜的学术报告，并取得了圆满成功。

这样，牛顿就被提名为英国皇家学会的候补委员。

1672年1月6日，在巴罗的鼓励下，牛顿给皇家学会的秘书长奥尔登伯格写了封信："我对索尔茨伯里主教和瓦尔德教授提议我为候选人感到十分荣幸，我希望这份荣幸将因被选入皇家学会而继续伴随我。"他又接着写道："如果事如所愿，我保证，将尽我的最大努力，为促进你们的哲学计划的实现，竭力证明我的谢意。"

1672年1月11日，在几乎全票通过的情况下，牛顿当选为英国皇家学会的新会员。这使他同英国科学的领导机构有了密切的联系，而他本人也加入了英国最有名望的学者行列，从此正式踏入了学术界。

英国皇家学会是英国资助科学发展的组织，成立于1660年，并于1662年、1663年、1669年领到皇家的各种特许证。英女皇是学会的保护人。学会全称"伦敦皇家自然知识促进学会"。

英国皇家学会是一个独立的社团，不对政府任何部门负正式责任，不必经过政府批准。但它与政府的关系是密切的，政府为学会经营的科学事业提供财政资助。

学会没有自己的科研实体，它的科学研究、咨询等职能主要通过指定研究项目、资助研究、制订研究计划，通过会员与工业界联系及开展研讨会等实现。

皇家学会会员候选人必须由至少6名责任会员提名和推荐。英国皇家学会于每年的11月30日召开学会年会，于每年3月第三个星期三召开选举年会。根据章程，每年提名的"外国会员"人数不得超过4人。

皇家学会共分两大学科领域，即物质学科领域（包括数学，通称A类）和生物学科领域（通称B类），下边又分设12个学部委员会。学会成员分为皇家会员、英籍会员、外籍会员三类。皇家会员只产生于皇族，不定期选举；英籍会员每年至多选出40名；外籍会员每年至多选出4名。会员有极高的社会荣誉。

领导机构是理事会，由21名理事组成，每年要改选其中的10名，除工作人员外，理事均不得连任2年以上，学会会长及外事秘书任期不得超过5年。

学会主要是促进自然科学的发展，它是世界上历史最长而又从未中断过的科学学会，它促进了英国科学的飞速发展。

作为一个崭露头角的新人，牛顿对成为该学会的新会员感到很兴奋。

牛顿这个时候不过30岁，这是所有学者梦寐以求的最高荣誉，曾经引来不少羡慕的眼光。

牛顿成为皇家学会会员后，不能再像以前那样一个人独来独往了，他必须经常和其他学者做学术上的交流。但是从小就独来独往的牛顿，一向不善于与人交往，因此开始时非常不习惯这种生活方式，不过时间久了以后也就习以为常了。

牛顿加入学会对今后的科学研究有很大的影响，从1672年之后，牛顿通过皇家学会的活动，从个人的研究走向了社会，与很多的国外科学家建立了联系。虽然也受到过批评，但从中也得到了不少启发、帮助。

1672年2月8日，牛顿应邀在皇家学会宣读他的论文《关于光和颜色的理论》，并在19日的《哲学会报》上发表，从而首次将自己在以往的发现公之于众。

这篇论文赢得了热烈的掌声，但却没有获得一致赞同。最大的反对者是在皇家学会很有威望的罗伯特·胡克和他的追随者科尔斯琴·惠更斯，他们直截了当地表示了反对。

"牛顿先生，我们很赞许您以前的发明，您付出了艰苦的努力，我们很钦佩您。"胡克先生在寂静的大会议室，慢条斯理地说，"但是，我们认为，您的实验还很不够，没有一项是不能否定的。"

胡克刚说完，惠更斯便站起来，很严肃地说："牛顿先生，你敢肯定你的方法可以解释所有的颜色现象吗？"

他越说越激动，眼睛死死地盯着牛顿说："不，不能！那是不可能的。"

胡克接着说："但是，别的理论是可以解释这一切的呀！"胡克的话很明显地暗示牛顿，他的波动说是可以做到这一点的。

牛顿听了胡克的话，便立刻以实验的证明，将他的波动理论推翻了。然后，牛顿将自己与胡克学说不同的地方一一列举出来，使得胡克无话可说，这场争论才暂时结束。

虽然牛顿和胡克的辩论已经停止，可是那些嫉妒牛顿成就的学者，便趁此机会对他的其他学说加以批评。

开始时，牛顿还能忍耐下去，到后来，他认为这样辩论下去也不会有什么好的结果，并会因此而浪费时间，把时间花在这上面，没有什么意义，还不如去做研究。因此，他退出了这场辩论，把全部精力都用在了对化学的研究与探索上。

这次争论的经历，使牛顿对发表自己研究成果的态度更加严谨了，因此，当时的人们很少看到这些伟大的成果。

牛顿的心中一直没有平复第一次争论留给他的创伤，但是，真正的学术讨论也使牛顿对一些问题的认识变得更加深入，尤其是关于光的本性的思想逐渐趋于具体化。

力荐有贡献的新人

在荷兰德尔夫特有一家服装店，列文·虎克是这家店的主人，在平时，他除了照管店里的生意外，与家人见面的机会比较少，很少与家人沟通，也不和邻居往来。

列文·虎克没有学到多少知识，也没有接受过什么科学训练，但他对新奇事物非常感兴趣。

有一天，他从朋友那里得知，荷兰最大的城市阿姆斯特丹的眼镜店可以磨制放大镜，用放大镜可以把肉眼看不到的东西放大。他听到朋友这样说，对这个放大镜产生了强烈的兴趣，但他又买不起。自此以后，他经常到这家眼镜店里，认真观察磨制镜片的流程，暗暗地学习着磨制镜片的技术。

很快，他就学会了这项技术。回到家后，他就开始工作了，只要有一点空闲时间，他就拿着磨石，蹲在地上专心地磨玻璃镜片，所以他在多数人眼里是一个疯子。

他丝毫不在乎别人的看法，他只埋头于自己的工作中，每天辛勤地磨制镜片。

1665年，列文·虎克终于磨制成了一块直径只有0.3厘米的小透镜，还做了一个支架，把这块小透镜镶在支架上，又在透镜下边放一块铜板，铜板的上面钻有一个小孔，使光线从这里射进而反射出所观察的东西。透过镜片，他发现了一个令他震惊的世界。

1675年，在一个雨天里，列文·虎克从院子里接了一杯雨水用这个仪器进行观察。

列文·虎克突然欢呼起来，并在房间里蹦着跳着，他19岁的女儿玛丽听到屋里的动静，赶忙跑过来看看是怎么回事。玛丽推开门一看，只见父亲一面看着镜片，一面兴奋地大喊：

"啊！看到了，我看到了！"

玛丽感到很奇怪，快步走到跟前，问道：

"爸爸，你看到什么了？"

"玛丽，你快来看，你看水滴里有东西在动呢！"

玛丽接过来一看，果然看见水中有数不清的东西在蠕动，令人看得眼花缭乱，不禁好奇地问道：

"爸爸，这是什么东西呀？看起来挺可怕的。"

"我也不清楚这是什么东西，但我敢肯定这是一种生物。"

列文·虎克发现这种细微的生物后，给它们取了一个名字——"可怜的小虫"，后来科学家称它们为微生物，而列文·虎克用来观察微生物的仪器也就被称为了显微镜。

水中的微生物到底是从哪里来的呢？这个问题一直困扰着列文·虎克，他下定决心一定要找到这个问题的答案。于是，他找来一个干净的碗，放在屋外接雨水。结果发现雨水中并没有任何的微生物。虽然如此，列文·虎克仍不放弃观察。终于在四天后发现雨水中开始有生物游动了。

在一滴雨水中，这些小生物要比当时全荷兰的人数还多出许多倍。

列文·虎克每天拿着显微镜进行观察，这在其他人看来，是无法接受的，都认为他精神不正常了。但在这个时候，克拉夫医生却不这样看。

列文·虎克把自己的发现告诉克拉夫医生时，克拉夫医生高兴地拉着他的手说："这是了不起的伟大发现，你尽快向伦敦皇家科学会作个报告吧！"

他把资料整理好后，立刻向学会作出了报告。不久，列文·虎克竟然收到学会的邀请卡，请他出席会议。

列文·虎克接到学会的邀请后，便兴奋地带着他那架显微镜赶往伦敦，参加皇家科学会的会议。他在会议中熟练操作显微镜，并解说发现的经过，每一位会员看到镜片下的微生物，都不禁感到震惊，异口同声地说：

"这真是一项伟大的发明啊！"

大多数会员看到这个结果后，都极力推荐列文·虎克成为会员，其中最热心的就是牛顿。可是仍有一些会员认为，只发明一架显微镜，就让他成为皇家科学会会员，这也太草率了，但牛顿却认为完全可以，并说服其他人通过议案。他说：

"科学这种东西，不是立了假说，纸上谈兵就可以办到的，而是先要了解物质的本体。伽利略发明望远镜，等于是为我们开启了世界的秘密之门。现在，列文·虎克发明了显微镜，才使我们能看到微观的世界。现在，如果不让列文·虎克先生成为会员，对于他个人并没有多大损失，但却是皇家学会的一大耻辱。"

通过牛顿的一番努力,其他会员也表示同意了,列文·虎克终于成为皇家学会的会员了。皇家学会一直很希望列文·虎克能将显微镜捐给学会,可是皇家学会无论怎么努力,他都不愿意捐出,直到1723年去世前,才让他的好朋友,将他视为宝贝的显微镜赠给皇家学会。

这个时候,牛顿刚好担任学会的会长,他听到这个消息后,微笑着说:"以前,列文·虎克拒绝捐赠显微镜,却在临终前,做了一件让人敬佩的事。"

在光学上的成就

牛顿最初成名主要是靠光学上的伟大成就。他在自然科学上的发明与发现，最早成熟的是关于光学的思想和研究，当他成为卢卡斯讲座教授时，第一次授课的题目并不是《论无穷级数分析》，而是光学。

牛顿在上大学期间，已经开始了对光的研究。1672年，牛顿把自己的研究成果发表在《皇家学会哲学杂志》上，这是他第一次公开发表的论文。

牛顿在发表论文前，曾为此准备了光学讲课，并仔细地做了关于两个平面玻璃之间和曲面玻璃与平面玻璃之间充以空气或水的折射实验。他把曲率半径很大的凸透镜放在平板玻璃上，当用白光照射它时，见到透镜与玻璃板接触处出现一组彩色同心环，当用单色光照射时，则在接触点处出现一组明暗相间的同心环，均匀照射却得到了不均匀的光强分布。这便是光的干涉中的有名的牛顿环实验。他在《光学讲义》中写道：

"当凸透镜与平面玻璃之间的空气或水受到压力时，不仅在尖部屈服于压力，而且也相继地在尖部周围产生几个轻微的同心圆圈，这种同心圆圈也可能由玻璃状液体的缺陷产生，因此薄膜变得松弛，或许由其他的原因也可产生，然而会小些。

"它们仍能将光线折射到视网膜上，于是显示出不同的色环。色环的周期随着薄膜厚度产生质的变化，而同一周期内的色环序列因薄膜厚度的增加而由紫向红依次量变。对于同一周期的同一种彩色光环来说，空气的最宽，水的次之，玻璃的最窄。"

牛顿认为并不是"玻璃的表面或任何平滑透明的物体在反射光，光反射的原因是'以太'在玻璃和空气或任何相容物体中的差异"。

牛顿随后又谈到了"以太"的脉冲。脉冲包含着他对周期色圈的力学解释。脉冲并不是光，而是"以太"中的振动，是光粒子打在薄膜的第一层表面上而引起的，它决定该粒子能否穿透第二层表面。若可以，则为透射；若不能，则为反射。

牛顿成功地确定了光谱一端紫色与另一端红色的脉冲比率，这一比率一直是牛顿对固体的颜色进行定量处理的实验基础。

牛顿对光的干涉现象又做了另外一个实验。他左手拿一根细管子，右手端一个肥皂水盒，当用管子对着肥皂水吹气时，盆里就会出现很多泡泡。把肥皂水的泡泡放在阳光下，就会产生美丽的环纹，于是他决定要研究其中的原理。

实验后，他发现光透过透明的薄膜时，会产生一圈圈往外扩展的五彩环纹，环纹与环纹间是以黑色隔开的。这些环纹还会依光谱的顺序排列，至于环纹的大小则因颜色不同而有差异。

经过无数次艰难的实验，牛顿终于成功地用数学公式表明环色与薄膜厚度的关系，也得到了光的干涉图样。

牛顿在皇家学会宣读的论文中心论点认为，白色的光是通常的颜色，这是由折射率不同的光线按照一定比例组合而成的。根据这一论点，牛顿揭示出颜色的起源，从而得出一些非常重要的结论：

"颜色并非以往所认为的那样，是从自然物体的折射或反射中所导出的光的性能，而是一种原始的、天生的，并在不同光线中有不同的性质。"

"有些光线倾向于显示红色而不显示其他的颜色，有些倾向于显示黄色，有些则显示绿色等。那些显著的颜色有它们固有的特殊光线，它们中间的各种色调也都有它们固有的特殊光线。"

自 1666 至 1670 年，他才完全研究出固体颜色的详细情况。到 1670 年，牛顿在光学方面的创造性工作几乎接近尾声。

1675 年 12 月，牛顿的另一篇关于光和颜色理论的新论文在皇家学会的会议上宣读了。

牛顿的这篇新的关于光和颜色的论文探讨了光的本性，提出了微粒说，无疑这是光学研究中的重要贡献。

光的微粒说作为近代的一种科学上的光组成理论，与光的波动说并立，对后来光学和辐射的研究产生了重要影响。牛顿是近代学的微粒说的提出者，并在著名的波粒说争论史上一度居于统治地位。

微粒说是牛顿在 17 世纪时发表的，他对光的本性是这样认为的：光是由一颗颗像小弹丸一样的机械微粒所组成的粒子流，发光物体接连不断地向周围空间发射高速直线飞行的光粒子流，一旦这些光粒子进入人的眼睛，冲击视网膜，就引起了视觉，这就是光的微粒说。

牛顿对光的微粒说的进一步研究发生在光学讲课过程中。在

1670年4月的光学讲义中,他第一次提出不同颜色粉末的混合实验,不但用这种实验证明他的颜色理论,而且清楚地印证了他的微粒说。他说:

"最后,通常观察到不同颜色的粉末混在一起时,一种新的颜色就出现了。而且,如果用显微镜考察这些粉末,可看到全都是具有它们自己的颜色。因此,它们自己的颜色并未因这些粉末的混合而破坏,而却是因为混合才有一种新的颜色产生出来。很清楚,同一种颜色是从几个三棱镜引起的颜色及几种粉末的颜色的混合所产生的。"

牛顿将光通过三棱镜折射后的混合色和粉末混合产生的颜色对比,说明光的组成和复合色由基色的混合所形成的道理。

他在向皇家学会报告的第一篇光学论文中,批驳了笛卡儿的光理论。他说如果光是由小球体组成并穿过以太,必然受到阻力,使其径迹弯曲,但实验中未发现其径迹有曲度。因此,他逐渐排除这些猜测,着手做窗上开小孔的光学实验。这篇论文没有明确谈他的微粒说,但包含着这样的思想,以致引起胡克的批评。

但是,牛顿在1672年6月11日给奥尔登伯格的信中,谈到胡克说他认为光是一个物体并将它说成是他的假设时,表示"我曾经宁愿把它们看作光粒子的各种运动形式中大小在大脑中激发的感觉模式,它是光粒子对感觉器官造成的各种机械的影像,像我在说光的形体的地方所表示的","但是,假定我提出了这个假设,我不了解胡克先生为什么竟这样竭力反对它"。

牛顿这段话是针对胡克指责他发表的第一篇光学论文中的命题所说的,牛顿认为光是实体的思想与他的光粒子说是符合的。但是,在他的光和颜色理论受到胡克和惠更斯等人的批评后,他开始向以太说妥协，并一度由粒子和以太波的变化相结合的方法说明光和颜色。

牛顿在1665至1666年间发现颜色与光线折射的关系，他根据折射定律认识到光经过透镜分成多种折射的不同颜色光线，则透镜成像必然产生色散像差，使折射式望远镜的清晰度减弱。

牛顿用微粒说轻而易举地解释了光的直进、反射和折射现象。由于微粒说通俗易懂，又能解释常见的一些光学现象，所以很快获得了人们的承认和支持。

牛顿由于了解了白光的组成，因而于1668年设计制成了第一架反射式望远镜。这种望远镜能反射较广光谱范围的光而无色差，容易获得较大的口径，同时对球差也有校正。这样，牛顿为现代大型天文望远镜的制造奠定了基础。此外，牛顿还考察了光线通过冰洲石的双折射现象。

牛顿把对光学的研究理论整理成《光学》一书。《光学》的出版，使牛顿成为科学界的头等人物。

与科学家哈雷会面

1684年8月,为了解答一个天文学上的大难题,一直在独立研究天体力学的著名科学家哈雷访问了剑桥。他想到唯一可能解决这一难题的就是那个不作声的人——牛顿。

一见到牛顿,哈雷就直截了当地提出了他急于得到答案的问题:"先生,假定引力随着距离的平方而减小,那么一个行星所遵循的轨道应是什么样的一条曲线?"

"椭圆。"牛顿简明扼要地回答。

"那您是根据什么得出结果的呢?"

"因为我已经计算过了。"牛顿自信地回答道,并对哈雷的惊讶有些不解。

"能否让我看一下?"哈雷半信半疑地问。

"当然可以。"牛顿仍然回答得既平静又简单。

牛顿开始在抽屉里找他两年前的计算稿,从这个抽屉找到那个抽屉。哈雷目不转睛地看着他到处乱翻,看到每个抽屉里都乱七八糟地盛满了各种文稿和资料,桌子上是各种书籍和做实验用的仪器,还有一面制作得很精致的用合金做成的反光镜。

牛顿的房间总是乱糟糟的，凡是和牛顿交往的朋友都知道，这是牛顿的个人特点。东翻西翻地找了半天，最终也没有找到那份计算稿。

牛顿的东西真是太多了，他对这些东西的摆放从来都不用心，常常是做完了就随手一丢。他从不把自己花了大量心血做的研究看得很神圣，而是把它当成一种消遣。他追求的不是结果，而是过程本身，尽管他知道没有结果就没有过程，但他仍然不刻意追求它。

看着牛顿那副尴尬样，哈雷劝他不要着急，慢慢地找，并和他说着闲话。牛顿最后还是没有找到，只好向这位专程来访者道歉。他怕哈雷失望，对哈雷说："好吧，我把我手上的工作放下，重新做这个计算，将结果抄好后寄给您。"牛顿很守信用，重新查找和整理数据，凭着记忆，昼夜不停地计算。

三个月后，哈雷在伦敦果然收到了牛顿给他寄来的计算稿。哈雷急切地阅读着这些几乎没有几个人能够看得懂的公式和计算，越读越兴奋。当他读完计算稿后，心中顿有一种豁然开朗的感觉，郁结在心中多年的问题一下子被解开了。

牛顿的推理和计算有条不紊，一环紧扣一环，一步紧接一步，这种强大的逻辑力量完全征服了哈雷，他由衷地佩服这位天才。

与此同时，哈雷也立即意识到，牛顿的这项重大成果对于揭开宇宙之谜，推进科学发展有着重大意义，不能让它再埋没下去了，应该立即公布于世。

没有多长时间，哈雷又到剑桥访问了牛顿。谈话中，牛顿拿出一沓手稿给哈雷看，题目是《物体运动论》，说这是他最近的研究成果，准备用来讲课。哈雷边浏览边称赞。

手稿对行星运动的轨道问题进行了详细的证明与讨论，并且还把这些证明推广到太阳系里的一切天体。一个新的伟大理论体系的雏形已经显现了。

哈雷请求牛顿把这些研究继续下去，并且希望牛顿以后将研究成果寄给皇家学会，以便他们登记备案，确立其优先权。他说："牛顿先生，您的这些成果太重要了，您不应该让它们埋没，您应该把它们公布出去。"

哈雷这种诚恳而又热切的心情感动了牛顿，他答应了这个要求。哈雷即刻向皇家学会报告了这一消息，皇家学会也高度重视，专门派哈雷和佩吉特两人负责提醒牛顿先生不要忘记自己的诺言。

此后，哈雷经常往返于剑桥和伦敦之间。牛顿按照哈雷的要求，对手稿进行了系统的整理，并对有些问题进行了重新考虑。

这些工作的结果是牛顿于1684至1685年间在剑桥作的一系列名为《论天体运动》的演讲稿，并且牛顿将自己关于运动的命题的一部分内容寄给了皇家学会。

1684年年底，哈雷把牛顿在剑桥所作演讲的主要内容向皇家学会作了报告，会员们听后都觉得非常新奇并产生了浓厚的兴趣。于是，皇家学会就请牛顿在可能的情况下把他出版的论文寄一份去。

然而，大约也是在这个时候，牛顿在给朋友阿斯顿的信中抱怨说："这一工作用的时间超出了我的预料，其中大量工作是毫无意义的。"尽管如此，在哈雷的热心敦促下，这一工作仍得以继续下去。

完成科学著作《原理》

从1685年年初至1686年的18个月，牛顿总是踱步于他的书房里，对周围发生的任何事情都不关心。他还喜欢到花园里去散步，但有时会突然停下来，好像发现了什么似的，急匆匆地奔回楼上，人还没有坐稳，便拿出笔来在纸上飞快地画着，好像这些东西慢一点儿就会跑掉似的。

由于这段时间的努力，牛顿完成了科学史上的伟大著作，即牛顿的《自然哲学之数学原理》一书。

不知是巧合，或者是上天的安排，牛顿的这些伟大思想的孕育也经过了18个月，经过20年的辛勤劳动和不懈追求，这些伟大的思想终于成熟。现在，牛顿准备把这部凝聚了他20年心血和人类千百年智慧的伟大著作奉献给人类了。

牛顿的伟大著作《自然哲学之数学原理》简称《原理》，其中就凝聚了哈雷的无私奉献，记载了哈雷的高尚品质。

哈雷无疑是促成这部伟大著作诞生的人，在他的热心宣传、奔走和敦促之下，更多的人认识到出版这部著作对于人类发展的重要性。

皇家学会也起了积极作用。开始，皇家学会准备把牛顿的这些研究成果发表在《哲学学报》上，但在研究了前面的几个部分之后，便决定出资把这部著作印成书本单独出版。但是，就在这个时候，皇家学会经济上发生了困难，缺乏足够的资金出版这本书。

因此，哈雷便自费承担了这个工作，虽然那时他自己也经济拮据，还有妻子和沉重的家庭负担，但是，为了科学事业，他毫不犹豫地拿出了这笔费用。

除了经济上的帮助之外，哈雷还不断给牛顿以精神上和工作上的帮助，帮助他排除阻力，鼓励他完成研究，为他收集必要的天文资料、校订清样，并指出文中的含混之处，安排印刷和插图等。

除了哈雷提供的动力之外，当时这部作品诞生的另一个重要条件也成熟了。

这就是在1685年年初，牛顿成功地证明了一条重要定理："一个所有与球心等距离的点上的密度均相等的球体在吸引一个外部质点时，其全部质量都集中在球心。"

这一定理的证明，解决了牛顿在证明万有引力过程中困惑了多年的难题。

1687年7月，牛顿的伟大著作《原理》出版了。这次出版用的是学术界的国际语言拉丁文，版本32开，篇幅500页，里面有很多木刻图表说明，印刷精致，封面设计以对称的花纹饰边，有一种严谨的古典美。除著有作者艾萨克·牛顿的名字之外，还著有塞缪·匹普斯的名字，作为皇家学会会长，他给了出版许可证。扉页有牛顿的题词："谨以此书献给詹姆士二世统治下的日益繁荣的皇家学会。"

当牛顿《原理》一书出版后,在学术界引起了巨大轰动,学者们对牛顿的学问非常的佩服,并把这本书称为古今的杰作,认为他是世界上最伟大的天才。被誉为近代数学之父的拉克兰也曾说过:"这真是古今的杰作,人类的伟业。他论旨的精密正确,更是无人能与他相提并论。"有一个苏格兰人,因为没有买到这本书,竟然不惜精力和时间抄了整本书。

1687年上半年,这部杰作即将问世的传闻遍及整个英国。在《原理》即将出版之前,《哲学学报》的一篇恢宏的评论向那些尚未听到传闻的人宣告了它的问世。除牛顿本人之外,无人比哈雷更清楚著作的内容,因此,哈雷认为《原理》具有划时代的意义。

哈雷读到这部著作时,对其独到的见解,无数次地表达强烈的惊讶。几乎从著作出版的那一刻开始,连那些拒绝接受其中关于超距作用的主要论点的人,都认定这是一部具有划时代意义的著作。

哈雷对自己作为这本书的编辑感到很满意。他写信对牛顿说:"我总算完成了您的杰作的出版工作,我希望能使您满意,我将用您的名义把书送给皇家学会及波义耳、佩吉特、弗兰姆特斯以及其他在伦敦您需要致意的人。"

《原理》一书于1713年出第二版,1725年出第三版。各版均由牛顿本人作了增订,并加序言。1729年,牛顿逝世两年后,莫特将其译成英文付印,就是现在所流行的英文本。后来又出现了多种文字的译本,中译本出版于1931年。1802年,又出现了根据《原理》第一版翻译的英文译本。

1930年,美国学者、科学史家卡尔里在莫特的英译本基础上用现代英文校订出版,成为20世纪里读者群最大的《原理》标准版本。20世纪60年代初,美国科学史家科恩和法国科学史家科瓦雷合作，根据《原理》第一版的英译本，也推出了《原理》的现代英文版。

《原理》这本书铸就了近代科学革命的里程碑，被人们推崇为经典力学的缔造者。

在结构上，《原理》体现的是一种标准的体系，从最基本的定义和公理出发，第一编为全书的讨论成为数学工具上的基础，并把各种运动形式加以分类，详细考察了每一种运动形式与力的关系。

第二编近一步考察了各种形式的阻力对运动的影响，讨论地面上各种实际存在的力与运动的情况。

在第三编中，用前两编中数学证明的命题由天文现象推演出使物体倾向于太阳和行星的重力，再运用其他的数学命题由这些力推算出行星、彗星、月球和海洋的运动。

在全书的最后，牛顿为之写了一段"总释"，集中表述了牛顿对于宇宙间万物的根本原因："万有引力以及我们的宇宙为什么是一个优美的体系的总原因的看法，集中表达了他对于上帝的存在和本质的见解。"

在写作手法上，由于牛顿是一个用心专一的人，他在构建自己的体系时，虽然仿照了欧几里得的《几何原本》，但他是从自己的使命感出发，并解释了自然现象，他没有被那些纯粹的形式化推理迷失自我。

牛顿是一位伟大的数学家，在数学上有一系列的成就，但他严格地把数学当作研究的工具，只是在有需要时才带领读者稍微做一点数学上的远足。

还有一点，牛顿没有完全沉醉于纯粹的哲学思想中，在《原理》中的命题都来自于现实世界，或是物理学方面的，或是天文学方面的，或是数学方面的，也就是牛顿所理解的自然哲学方面的。

《原理》中全部的论述都是以命题的形式出现的，每一个命题都有证明或求解，所有的求证求解都是以数学形式出现的，在需要时还可以附加一些推论，而每一个推论又都有证明或求解。当牛顿认为某个问题在哲学上具有特殊意义时，他才另外加上附注，对问题加以说明或进一步推广。

全书贯穿了牛顿和莱布尼茨分别研究并发明的数学方法——微积分，不过牛顿称微积分为"流数"，这是牛顿的成就之一。它在科学史上占有重要地位，因为它标志着经典力学体系的建立。

《原理》不论从科学史还是人类文明史来看，都是一部划时代的巨著。从人类文明史来考虑，它推动了英国工业革命的发展，在法国诱发了启蒙运动和大革命，在社会生产力和基本社会制度两方面都有直接而丰富的成果。到目前为止，还没有哪个重要的科学和学术理论，能够超过《原理》的。

从科学研究内部来看，《原理》是一种现代科学理论体系形成的样板，包括理论体系结构、如何处理人与自然的关系、研究方法和研究态度等多个方面的内容。

在科学的历史上，《原理》是人类掌握的第一个比较完整的科学的宇宙论和科学理论体系，其影响遍及了经典自然科学的所有领域，在以后的300年时间里不断取得了丰硕的成果。

《原理》的诞生使牛顿成为近代物理学界的一颗新星，并且使牛顿得以创立天体力学，牛顿也因此成了一位伟大的人物。

在牛顿生活的时代，人们普遍接受笛卡儿的自然哲学，因而，牛顿的一系列违背笛卡儿自然哲学的新理论，自然受到了学者们广泛的怀疑。

于是,《原理》一书出版后,便遭到了宗教界人士的强烈反对。他们认为牛顿亵渎了万能的上帝,认为《原理》具有明显的反神创论倾向。然而,事情并非他们想象的那样恶劣,随着时间的推移,众多的天文现象证实了万有引力定律的正确性。同时,也证明了牛顿的清白。

《原理》达到的理论高度是曾未出现过的,即使在后来也不多见。爱因斯坦说过:"至今还没有可能用一个同样无所不包的统一概念,来代替牛顿的关于宇宙的统一概念。而要是没有牛顿的明晰的体系,我们到现在为止所取得的收获就会成为不可能。"

因而,无论从哪方面来探讨,《原理》都是一部伟大的著作,它永远都具有很高的价值。

关于著作权的论战

1686年4月,牛顿的《自然哲学之数学原理》第一册手稿被带到了皇家学会,这不啻是一枚石破天惊的重磅炸弹,没有什么比喻能够恰当地形容这本毫无疑问是科学史上最伟大的著作了。

当牛顿将他的著作公开后,胡克的心里却不是滋味。一方面,他在行星运动理论的竞争中最终落败,更不能容忍的是,他认为牛顿在平方反比定律的证明过程中,曾经从自己1679年的去信里得到过启发,但牛顿没有在文稿中提到他胡克的名字!

胡克的想法绝不是没有理由的。在1679至1680年的通信里,牛顿曾在落体问题上犯过严重的错误,他甚至把引力看作不随距离变化的常量,还是胡克纠正了他。在胡克看来,牛顿至少应该在前言里提一下他的名字。

牛顿其实是胡克的晚辈。早在1662年,胡克已成为英国新成立不久的皇家学会的实验主管,负责演示皇家学会的实验,并在次年成为学会会员。而此时牛顿还是剑桥的本科生。

1669年,牛顿当上剑桥的教授,开始讲授他的光学研究。1672

年年初，牛顿被选为皇家学会会员，他给学会寄去一篇证明白光是不同颜色光的混合的论文，提出光是由粒子组成的，遭到了认为光是一种波的胡克的猛烈抨击。

牛顿无法忍受，威胁要退出学会。在学会的劝说并提出免去牛顿应缴纳的会费的条件下，牛顿才留了下来。

但是在1675年，牛顿发表的另一篇光学论文招来了胡克更猛烈的抨击。胡克认为牛顿论文中的大部分内容是从他在1665年发表的《显微图谱》一书中的有关论述中搬来的，只是做了某些发挥。两人进行了一番貌似彬彬有礼其实暗藏讥讽的通信。

牛顿在1676年2月5日致胡克的信中，写道："笛卡儿的光学研究迈出了很好的一步。你在一些方面又增添了许多，特别是对薄板颜色进行了哲学考虑。如果我看得更远一点的话，是因为我站在巨人的肩膀上。"

后面这句话被认为是牛顿的谦虚，后来被许多人当成座右铭，但是如果我们知道牛顿其实看重实验和数学计算而蔑视胡克的哲学思考，并且胡克身材不高，背驼得很厉害的话，就可以明白牛顿的这句话并不是在恭维胡克。

这场争论的结果是牛顿疏远了皇家学会，而且决定等胡克死后再发表有关光学的论著，在这部胡克死后的第二年出版的著作中，牛顿完全不提胡克对薄板颜色研究的贡献。

此时牛顿还是个刚刚崭露头角的年轻教授，面对前辈的批评他只能忍气吞声，1687年《原理》的出版才确立了牛顿作为英国科学界第一人的地位。

哈雷、胡克和著名建筑师雷恩都在研究万有引力，也都认为引力的大小与距离的平方成反比，但是他们都无法从引力反比定律中推导出开普勒行星定律。

1684年，哈雷为此到剑桥大学拜访牛顿，牛顿告诉他自己早已解决了这个问题，但是没有公开发表。在哈雷的劝说下，牛顿于1686年将其研究成果写成专著《原理》交给皇家学会审阅。

胡克早在1674年曾经发表过一篇有关引力的论文，提出三条假设：所有天体彼此之间都存在引力；如果没有引力的作用，天体将在惯性作用下做直线运动；物体之间距离越近，则引力越强。这几乎是在定性描述万有引力定律。

1679年，胡克写信代表皇家学会向牛顿约稿时，进一步提到引力的大小与距离的平方成反比。

牛顿没有参加那次皇家学会的会议，从哈雷的来信知悉胡克的要求后，牛顿承认胡克曾经在1679年的信中告诉他引力反比定律，但是胡克对这一定律的描述并不准确。

牛顿早在大约20年前就发现了这一定律，并写信告诉了他人，并不需要从胡克那里获悉。

牛顿所说的是事实，他在1665年就已发现了万有引力定律，并试图用它计算月球的轨道。可惜当时测定的地球半径是错的，牛顿未能获得满意的计算结果，就暂时放弃了这一研究。1670年之后有了更准确的地球半径数据，牛顿才重新研究引力问题。

在哈雷的斡旋下，牛顿的态度软化，进一步承认胡克的来信刺激了他重新研究引力问题，并且承认胡克告诉了他一些他不知道的实验结果。牛顿妥协提出在《原理》的有关部分加一条注解，说明引力反比定律也被雷恩、胡克和哈雷独立地发现。

《原理》的出版给牛顿带来了巨大的声誉，也越发让胡克觉得自己的贡献没有得到应有的承认。他在1689年2月15日的日记评论此事时，抱怨"利益没有良心"。

1690年2月，在皇家学会的一次演讲中，胡克讽刺道："牛顿帮了我大忙，我本人多年前首先发现并向学会展示的引力性质被他当成自己的发明印刷出版。"

1703年，胡克在备受疾病折磨后逝世。几个月后，牛顿当选皇家学会会长，并计划给学会找一个新地址。1710年，学会完成搬迁。

在胡克和牛顿的时代，科学刚刚草创，学术规范还未完善，难免经常出现优先权的争执。胡克不仅和牛顿争，也和荷兰大科学家惠更斯争游丝表的发明权。

对天体进行观测

牛顿认真工作，一丝不苟，把所有精力都用在了研究上。在进行研究时，常常忘记吃饭，也经常工作到深夜，甚至为了想问题，一夜未眠。久而久之，他便失眠了，他也感到心力交瘁、精神恍惚。虽然有了失眠的困扰，但他还没有忘记科学研究的工作，一旦研究起来便精神振奋，从不感到累。

牛顿为了证实万有引力法则的方程式，就必须要实地观测月亮。当时能够观察月亮的，就只有格林尼治天文台一个地方而已。格林尼治天文台是查理二世时建造的，设计者是弗兰姆特斯，建造完成后便由他担任台长。天文台完工后，政府不再继续拨款了，甚至还拖欠员工的薪资。

这时，天文台还缺少许多设备，弗兰姆特斯只好亲自到全国各地游说，请求一些援助。他还兼职了几份工作。

过了一段时间后，天文台的设备、仪器都慢慢备齐了，工作人员的薪资也有了保证。但是所有的这一切，都是弗兰姆特斯一个人添置的，所以天文台也就成了他个人的私有财产，任何学者或学会都无权要求他提供观测结果。

牛顿是弗兰姆特斯的老朋友,所以当牛顿需要一些观测资料时,他便毫不犹豫地寄给了牛顿,并且答应供应牛顿研究上所需要的任何资料。不过,他却要求牛顿不可将观测资料向他人透露,而且据观测资料得到的理论也只能让他一个人知道。

牛顿为了感谢弗兰姆特斯的大力相助,还特别赠送了他两份曲折表,这是牛顿的一项重要发现,也是天文学者所必须具备的工具。在1680年至1681年冬天,天空中出现了一颗彗星,由于这颗彗星的出现而引起了争执。只有一位科学家认为是一颗彗星,欧洲所有的天文学家都相信出现的是两颗彗星。第一颗彗星在11月初的日出之前被发现,然后,消失在月末早晨的太阳之中。两星期后,也就在12月中旬,另一颗彗星出现在傍晚时分,它正飞离太阳。12月底,这颗彗星带着尾巴,彗星尾巴宽度是月球的四倍。"我无法相信,所看见的是另一颗更大的彗星",皇家天文学家弗兰姆特斯在给朋友的信中写道。

那位例外的天文学家就是弗兰姆特斯,他认为两颗彗星实际上就是同一颗,是前一颗在太阳附近改变了方向,这也说明了他的观点与众多天文学家的观点不同。

弗兰姆特斯找不到支持他的理论,没有人相信他的观点。他只好去找牛顿,也就在这个时候,彗星引起了牛顿的好奇心。12月12日,彗星第一次在傍晚出现的第四天,他就观察并记录下了有关彗星的情况。从那时起,他就每天都在观察,直到彗星拖着长长的尾巴在3月消失。

空中留下的美丽景象久久地留在牛顿的想象中,而且时刻牵动着他的心,并在1681年持续了一段时间。作为对观察的补充,他系统地收集了他人的观察结果，并开始阅读所有相关的著作：胡克、戈蒂格尼斯、赫威留和佩迪德等人的著作。

牛顿把对天空的观察减少到只观察一条轨迹。这时，他还给弗兰姆特斯写了两封长信，评价他的理论。

牛顿拒绝接受弗兰姆特斯的新理论。对弗兰姆特斯的理论——彗星不是环绕了太阳，而是在太阳前面改变了方向，牛顿有充分的理由表示反对，并且在信中加以说明。

就在一年前，牛顿已经从轨道运动力学上解决了行星围绕太阳运动的问题。他现在不想对彗星提出同样的看法。

但是，我们能感觉到他头脑中万有引力观念的形成过程。很多人认为，彗星是来自于外界，并不属于太阳系，也不受它的规律约束。胡克对于彗星作出解释时，就把它从天体间的引力中排除了。哈雷在1680年也持相同看法。

牛顿给弗兰姆特斯的信中也提到了这一点，他只是将这种力视为太阳系的特例，太阳系包括相关的天体。这个时候他并没有归纳出万有引力定律。

这段时间牛顿和弗兰姆特斯的信件往来比较频繁，他俩的合作很愉快，但后来因为牛顿急于证实他的理论，频频催促弗兰姆特斯寄给他资料，弗兰姆特斯慢慢感觉到心力交瘁，力所不及，但仍对牛顿的理论评价极高。在他给牛顿的信上说："我的工作就像在收集金砂一样，而您却将它淘洗成了纯金，而且又做了进一步加工，使它变成了精美的、更加实用的成品。如果没有您的细心思考，我的工作就可能变得没有价值。"

他们两人合作一段很长的时间之后，弗兰姆特斯因为辛劳过度，身体健康情况变得很糟，并患上很严重的头痛症。

牛顿由于长期为精神衰弱所困扰，也知道疾病带来的痛苦，他很及时地写信给弗兰姆特斯，信中充满同情与关怀：

亲爱的弗兰姆特斯：

收到您的来信，知道您最近头痛比较厉害，我非常的关切。弗多勒博士也曾有过这样的困扰，他拿了一块布缠住头骨部分，使它感觉麻痹，这样会感觉好一些，也许这是比较好的治疗方法，您可以试一试。

弗兰姆特斯感觉到牛顿无微不至的关怀，他很想继续为牛顿提供一些观测资料，可是身体实在支撑不了，只好放弃。不过，还有其他原因，他一直都不太喜欢哈雷这个人，他担心自己会成为哈雷的工具。由于弗兰姆特斯不再提供月球的观测资料，牛顿的研究工作也只有暂时搁下。

虽然牛顿没有与弗兰姆特斯继续通信，但他对彗星的兴趣还没有消退。当1682年的彗星出现时，他认真观察并记录了它的位置。1680年以后的时间里，牛顿系统地收集记录有关彗星的信息，用标题进行了分类，比如，与太阳相对的算为一类。

牛顿改变了对彗星轨迹的看法。他断言太阳和行星的向心引力与距离成平方反比，并且认定太阳的引力要比行星大得多。同时，在一系列关于彗星的论述中，他放弃了彗星的直线轨迹的见解，并接受其曲线轨迹。最大曲点与近日点相合。如果彗星返回，曲线就是一个"椭圆"，如果不返回，那么它就接近一条双曲线了。无论牛顿在1681年春天是如何勉强，他还是发现了行星轨道动力学可以应用于彗星。

1695年9月，牛顿写了一封信，信中对弗兰姆特斯说：

哈雷根据我研究的结果，推算出他在1683年算出来的彗星轨道，和你的观测结果是相同的，对你所提供的资料表示感谢。

前些日子我从家乡回来，最近还想再去玩一玩，恐怕对月球问题的研究还要放一放，刚好你可以趁这个机会，好好养身。

这是牛顿给弗兰姆特斯的最后一封信，自此以后，两人就没有书信来往了。

《光学》出版发行

牛顿非常敬重克拉斯琴·惠更斯,说他是"德高望重的惠更斯"。惠更斯是荷兰数学家、物理学家和天文学家,他对光学有着很深的研究,对牛顿产生过深刻的影响。

惠更斯在访问伦敦时期和牛顿结识,而他和牛顿在光学上的争论也推进了科学研究的深入,给后人以许多启迪。

当时光的波动说和微粒说之争的胜负关键,在于哪种学说能够更多地解释有关现象。两种学说在这方面各有优点,也各有不能解释的缺点。

牛顿出版的成熟著作《光学》第三编最后一个部分,提出了各种各样的疑问。在疑问中牛顿提出:"光线是否是发光物质发射出来的很小的物体?因为这样一些物体能直线穿过均匀媒质而不会弯到影子区域里去,这正是光的本性。"接着他又指出:"它们也能具有几种特性,并将在穿过不同媒质时保持它们的这些特性,这是光线的另一条件。"

《光学》中的疑问都是牛顿深思熟虑但仍有怀疑的问题,从这些地方可以看出牛顿对光的本性是真正理解的。

在当时，关于光的本性问题并没有得出结论，而在他们死后这个问题仍一直争论不休。

18世纪，这两派物理学家争论的结果是微粒说胜利了，部分原因是惠更斯没有能够用足够的数学严密性来发展他的观点，另一部分原因是牛顿在他的同辈人中的权威超过了惠更斯，使之无力反击。

到了19世纪以后，光的波动说在大量事实的支持下，不但被人们重新提出，而且占据了统治地位。在这些事实中，英国物理学家托马斯·杨发现的光的干涉现象起了关键性作用。

然而到了20世纪初，爱因斯坦提出的光量子理论，对光的本性给出了结论，结束了这个持续两百年之久的争论。

《光学》是牛顿对早期研究成果的总结。在任皇家造币厂厂长和皇家学会会长工作之余，他就把自己关进书房，苦心钻研，终于将自己一直以来对光学的研究集结成书。

《光学》的手稿还曾一度被焚烧。之所以它能够再次成书，完全得归功于牛顿惊人的耐力和毅力。

从《光学》的梗概可见，牛顿首先着力于对光现象之实验观察结果的唯象描述，在此基础上再提出命题或问题，总结成公理和定理，以作为对光现象的理性描述；而对于命题、公理、定理，主要还是通过实验观察予以证明和进一步的探讨。

所以，《光学》是一部典型的实验科学之优秀范本。恰如为该书撰写导言的惠塔克的赞语：该书体现了"理论功夫与实验本领的奇妙结合"，其中有"天才直觉的至高无上的范例"。而爱因斯坦称该书作者"把实验家、理论家、工匠和著作能手兼于一身"，书中的"每句话和每幅图都显示出他的创造乐趣和精微的准确性"。

《光学》是牛顿最重要的著作。虽然这部巨著是在1704年出版的，但实际上它的主要思想和基本理论都是在1666至1676年这一段时期形成的。

牛顿之所以推迟发表，主要原因是不愿胡克在世的时候因他发表任何东西而引起无谓的争论。他与胡克之间有着很深的成见，既聪明乖巧又充满嫉妒心的胡克对牛顿提出的论文，尤其是光学方面的，总要加以非难，甚至说牛顿剽窃了他的思想，对此，牛顿感到非常烦恼。

1703年胡克在长期患病后与世长辞。第二年，牛顿就决定发表他的这部巨著。在序言里，牛顿写道："为了避免对这些论点的无谓争论，我推迟了这部书的公开发行，如果没有朋友们的敦促，可能还要推迟一段时间。"

《光学》的全名是《光学或光的反射、折射、弯曲与颜色的论述》，它探讨了"迄今为止光学中谈论过的一切"。

《光学》详尽地诠释了这"光色理论"，除给予色散现象以科学解释并对虹霓作出定量分析外，还剖解了视觉的成因和眼睛的作用机制，而且在验证光分解的同时又用实验表明光的再合成。所有这些，都成为牛顿之后十分完善的颜色理论以及光谱学的主要基石。当然，书中又明确阐述了光的反射定律和折射定律，以及关于全反射、透镜成像等现象的一系列原理。

《光学》的语言和行文质朴而平实，记录了牛顿在光学研究上的全部"个人活动"。全书共分为三编。

第一编首先列举"定义"和"公理"，然后讨论一般的折射与反射，太阳光谱与反光望远镜。从八个定义和八个公理开始，按顺序对他关于光和色的主要发现和理论进行了阐述。

第二编研讨薄膜的颜色，中心论题是讨论被称为"牛顿圈"的现象，实际上是讨论光的干涉效应。同时还对自然物体的永久颜色以及它们和薄透明板的颜色之间的类似性作了讨论，作出了物质的最小的不可能再细分的组成部分一定是透明的，它们的大小可以用光学方法推断出来。

第三编讨论光的衍射、晶体内部折射和一般哲学问题，最后列举了31个"疑问"。

在全书末尾，牛顿专门论述了自然哲学的两种研究方法：分析法和综合法。与《原理》相比，《光学》更偏重于分析，牛顿有时把光学归于"实验哲学"。

牛顿指出，对于困难的研究课题，"总是应当先用分析法，然后才用综合法"。分析的方法"包括做实验和观察，用归纳法从中作出普遍的结论"；用分析法论证，"一般总是从结果到原因，从特殊原因到普遍原因，一直论证到普遍的原因为止"。

至于综合的方法，则"假定原因已经找到，并且把它们立为原理，再用原理去解释由它们发生的现象，同时证明这些解释的正确性"。

尽管牛顿声称"在实验哲学中不应当考虑什么假说"，但在《光学》一书里，关于他自己所作的假说，并用以解释种种光学现象的文字比比皆是。

实际上，无论在分析和归纳的过程中，还是在综合和演绎的过程中，都需要理论思维和数学工具，都必须寻根究底和解析因果；在寻找普遍原因或论证普遍法则和一般定律时，都必须凭借科学的假说。

牛顿确是这样做的，但他又强调不把"虚构假说"作为主要依据，反过来却是竭力谋求证实所作假说的可靠性。

因此，他着重探讨光的本性、追究引力等吸引作用的起因，其目的在于揭示宇宙的普遍规律与和谐结构，解决一些力学和光学的基本问题。

在1717年第二版修订中，他又加上了这样一段话："这些原则我不认为带有什么神秘性，只是万物形成的自然法则罢了，虽然人们还没有发现真理，只是用想象昭示而已。现象是客观的，只是引起现象的原因显得有点神秘罢了。"

这些话表明了牛顿写作这部著作的指导思想和思维方法。牛顿的《光学》一书在科学史上占有非常重要的位置，不仅是由于他论述了"迄今为止光学中谈论过的一切"，从理论上进行了概括和总结，还在于他的科学探索精神。

这种探索精神集中体现在《光学》出版第二版时，他在结尾部分加的疑问上。他写道："在第三编的末尾我加进了一些问题，我之所以用提问的方式把它说了出来，乃是因为缺乏实验，我对它尚不感到满意的缘故。"

这些问题虽然名为疑问，实际上却是牛顿多年研究的结果，是他深思熟虑但感到仍必须深入探讨的一些问题，范围之广超过了光学，涉及自然界诸多的其他现象。

后人认为，疑问是这部著作的特色所在。疑问带有猜想的性质，对后来的科学研究有很大的启发。

科学的发展证明，牛顿的这些天才猜想很多都是正确的，或者提供了极为有益的启发。尽管有些被证明是不正确的，但是，这是由历史的局限性所造成的，对任何一个伟大人物都是不可避免的。

如果不是这样，反倒令人感到不可思议了。《光学》出版之后，于 1717 年、1721 年和 1730 年分别修订再版。

爱因斯坦为其写过前言，对牛顿及其光学成就作了高度的评价："幸运啊牛顿，幸福啊科学的童年！谁要是用闲暇和宁静来读这本书，就会重新生活于伟大的牛顿在他青年时代所经历的那些奇妙的事件当中。他把实验家、理论家、工匠和并非最不重要的讲解能手兼于一身。他在我们面前显得很坚强，有信心，而又孤独；他的创造乐趣和细致精密都显现在每一个词名和每一幅插图之中。"

《光学》一书不仅是牛顿对于光学诸多建树的确切记录，而且也是他所崇尚的科学研究方法的真实反映，更是他那探索大自然的"内心思想活动"所透视出来的"伟人智慧光芒"的可贵敛聚。

《光学》对于后来的科学研究者影响之大超乎人们的想象，而且，它的科学影响不只局限于光学领域，其他领域的研究也不同程度地受到了它的启发和引导。因而，《光学》一书的价值是难以估量的。

理性涉足炼金实验

炼金术是牛顿自然哲学的重要组成部分。牛顿的炼金术研究从一开始就是以波义耳微粒哲学为理论基础而展开的。

此前，他已经大量阅读了波义耳的化学著作与自然哲学著作，对物质理论以及与之密切相关的炼金术嬗变发生了浓厚兴趣，撰写了一本化学术语词典，并在随后相当长的时间里不断予以补充，以备自己查用。

波义耳重视考察微粒的空间性质以及作用剂的渗透性，而牛顿则认为物体的内聚性是因为有种种粒子力存在。因此，牛顿在炼金实验中重视考察作用剂的腐蚀性，加强对酸的研究。

说到炼金术，人们往往将它和魔法及巫术联系起来，认为那是一种很神秘的接近于宗教的东西，不过那是在中世纪的情况。

进入17世纪，炼金术在某些方面已经向化学方向转变，对炼金术的研究渐渐向理性转变，有很多化学仪器的前身都是炼金仪器。

牛顿在这个时期接触到了炼金术，并使炼金术得到了进一步的发展。他之所以接触到炼金术，完全是因为巴罗教授，关于这点还有一段鲜为人知的故事。

有一天，牛顿敬爱的导师和亲密的朋友巴罗教授急匆匆地来找牛顿。

巴罗一进门就开门见山地问："牛顿，你听说过炼金术吗？"

牛顿想了想，说："知道一点，以前在您的图书室里读过波义耳先生写的《怀疑的化学》和《形式和质料的起源》，多少对它有些了解。"

巴罗一听特别兴奋，使劲拍着牛顿的肩，说道："那太好了，牛顿！你是一个很聪明、很有见解的人，像现在这样陷在无休无止的争论中，将不利于你的全面发展；所以，你应该考虑一下换换脑筋，搞点别的研究，开阔一下思路。"

"开阔思路？怎么开阔？"

牛顿不解地问。

"我看你就试着研究一下炼金术吧。"

巴罗教授的建议着实让牛顿大吃一惊，他问道：

"什么？研究炼金术？可是……"

巴罗坚定地重复了一遍刚才说过的话。

"对！研究炼金术！"

牛顿有点不情愿地反问道：

"可是，那会对我有什么帮助呢？"

巴罗笑了笑，语重心长地说："你这样问，就说明你没有真正读懂波义耳的书。其实，炼金术是一门很有用的学问，它能帮你找到许多别的方法。这些新方法将大大有助于解决你在自然争论中所遇到的问题。你明白吗？"

"哦，原来是这样！"

这下牛顿可来了精神，他笑着说：

"真有这么神的话，我可真得试一试。先生，您就等着听我的好消息吧！"

牛顿满腔的热情一下子涌了上来，就像叶茨所说的那样：

"牛顿在物理和数学上自然的奇异探索不能完全满足他的要求，他将要通过炼金术的道路来引入更高的水平了。"

17世纪60年代牛顿就开始读波义耳的著作，在去伦敦的路上，他还买了本炼金术文集《化学论文集》和两个炉子、玻璃装置及化学品，并把位于三一学院大门旁的花园一角的旧房子改成实验室，开始做起了一个地道的炼金术士。

无论炼金术对牛顿还有其他什么意义，他总是相信，他读的论文内容是材料物质经历的变化。他的目的是，透过五花八门的想象，找出这门技艺的所有阐述都能通用的工艺。

这样的论断并不是说他所追求的化学可以被当时的科学团体所接受，也不是说20世纪的科学家甚至会愿意承认那是化学。然而，牛顿的确领悟到了，构成这门技艺内涵的，是化学工艺，而不是化学工艺术语包含的神秘经验。于是，他在阅读炼金术文献的同时，在实验室开始实验。

牛顿花费了令人不可思议、不可理解的时间和精力去研究炼金术和化学。除了去讲课，以及不得不回去睡觉的时候，其余所有时间牛顿都待在实验室里，一日三餐都由仆人送到实验室来，有时为了节省时间他一天只吃一顿饭。

在这个炼金室里，牛顿做了大量的化学实验，甚至还提出了一系列的化学符号和有关的表示符号。他还写了很多的化学手稿和论文。

　　然而，不幸的事情发生了。1692年1月的一天，牛顿在去教堂礼拜的时候，他的实验室着火了，等到他赶到时，实验室变成了一片焦土烂瓦。牛顿流着泪，发疯似的在里边找他的光学手稿和化学手稿以及部分论文，但结果是可想而知的。

　　痛心的牛顿以后再也没有写过化学手稿和有关论文。

　　据后来研究牛顿的学者统计，牛顿一生中用在化学方面的时间加起来超过10年。

　　在现在的化学方程式中所使用的加热符号都是炼金术中表示火的符号"△"。

　　化学就是从炼金术演变来的。可见，说炼金术是化学的前身一点也不过分。

　　其实试图把化学从炼金术中分离出来的就是牛顿，因为他曾经写过一本名叫《化学》的书。

　　牛顿生前也留下了上千万字的炼金术手稿，有些科学史家认为，牛顿对炼金术的兴趣完全是出于抽象的哲学和宗教目的，由于同炼金术沾上了边儿，这让牛顿在科学界的声誉蒙受玷污。

　　牛顿作为一个科学家，探索科学是他的爱好。他研究数学，人们称他数学家；他研究自然哲学，人们称他物理学家。但为什么他研究化学有的人就叫他魔法师、炼金术士呢？

　　其实事实是这样的，在17世纪，炼金术和化学掺杂在一起，因为这时的化学还没有从炼金术中脱离出来，一个人要想研究化学而不接触炼金术是不可能的。

　　因为没有人可以找出一本17世纪的没有炼金术内容的化学著

作。而牛顿对于化学充满了求知欲,所以他像研究数学、物理那样去研究化学,而可以供他参考自学的书只有炼金术著作,所以他不得不选择炼金术。

如果当时的化学是独立于炼金术的话,那么他难道会放着理性的化学不去探索反而去学那些神秘的炼金术?别人不敢说,至少牛顿不会。因为牛顿做事向来一丝不苟,严谨是他的作风。

在历史上,一些最为伟大的科学家不仅相信铅变金的可能性,而且还认为一些现在被当作超自然学说,如占星术和预言能力的思想是真实的。

就牛顿的炼金术而言,一方面,与江湖炼金术士关心造金形成对照的是,牛顿最感兴趣的则莫过于毁金。在他的工作中,炼金术实验最终是否成功,不是按照造金的标准而是按照毁金的标准来进行判断的。

另一方面,牛顿的炼金实验本质上是一种精神上的关注,因为牛顿持有非正统的基督教观点,他是反三位一体论者,认为基督是上帝创造的凡人而不是上帝的化身,所以他也认为超自然思想是真实的。此外,牛顿对一些神学书中的圣经预言也感兴趣。

在科学革命时期,自然哲学并没有统一的范式,几乎每一位卓越的自然哲学家都有其自身的思想体系,有其自身的自然哲学体系。同样,当时的炼金术研究也没有统一的传统或范式。

如果牛顿在其炼金术著作中持有强烈的宗教观点,这也许没什么令人感到惊讶的。

牛顿涉猎于化学的所有主要分科,包括他在化学技术、冶金术方面的所有著作及其在炼金术方面的研究,这些都会对他在其他方面的兴趣提供了一种更加平衡的、自认为更加合理的观念。

一些历史学家一直不愿意对牛顿的炼金术正眼相看，并对牛顿炼金术一定与其公开阐述过的物质理论存在着内在联系这种见解嗤之以鼻。

事实上，牛顿是将炼金术当作一个至关重要的砝码，以填补古代与当时原子论的种种不足之处。而这些不足之处涉及内聚性与活性，生命与生长以及上帝的支配与庇佑。

而他对炼金术、神学、形而上学以及观测方面的探索，促使他逐渐形成了他对于物质的性质以及同物质相关的种种动力的最后结论。

牛顿早期的实验是以波义耳理论为基础的，也许，其中还有迈可尔·美尔的影响，旨在从各种金属中提取汞。他曾用不同方法提取汞，还曾用更高级的炼金术方法做过马尔斯星块，即铁制锑块的实验。

牛顿在炼金术中还碰到了另一个与机械哲学水火不相容的概念。机械哲学坚持物质的惯性，因而只有机械学原理决定其运动。而炼金术认定物质中存在活性成分，它是自然想象的主要作用因素。特别是它认定存在一种活化剂，点石成金，这就是炼金术的目标。

牛顿从事炼金术研究，其动机绝不在于炼得黄金，事实上，这种动机与他从事力学、光学、天文学研究的动机并无分别，即了解物质与自然之谜并以此"更好地侍奉上帝"。

因此，应该将牛顿的炼金术手稿性质解释为牛顿的化学。因为当时尚缺乏适用的化学语言，因而，牛顿借用炼金术语言表述其化学思想。

牛顿的出发点是对的，只有对物质本身的组成和变化规律进行研究，才有可能揭示光和万有引力的本质。

万有引力产生的原因到今天也没有解决，在牛顿时代更不可能解决上述问题。

虽然牛顿在长期开展炼金术研究中一无所获，但牛顿钻研科学问题的精神值得我们学习。

我们不难相信，牛顿凭他惊人的精力和卓越的才华，完全可能因为一部《化学》而跻身于科学史上著名的化学家的行列。

被选为国会新议员

　　牛顿的《原理》出版后不久，哈雷发现这位巨人已是筋疲力尽了，因此劝他暂时脱离科研工作，静心休养一段时间。经过多次督促，牛顿终于接受了朋友的劝告，准备休养一段时间。

　　这时的英国社会已经在革命中建立了世界上第一个资产阶级的社会制度。1689年，国会选举新议员，牛顿被校方选为代表剑桥的国会议员。在47岁的时候，他被选为国会议员，离开剑桥，来到了伦敦。但是，牛顿在议员生活中，过得并不愉快。他原本是一位以研究为生活重心的科学家，如今要他离开实验室，整天为开会及接待客人而忙碌，实在是很痛苦的一件事。

　　由于牛顿对于政治没有丝毫的兴趣，所以在担任议员的一年当中他几乎都保持沉默，从来不曾在议会中发表任何演说，他仅仅说过一句话：

　　"守卫长，麻烦您将窗户关好。"

　　牛顿虽然在议会中没有发表过任何言论，但他所代表的自由与民权的斗士，仍是一股巨大的力量。文豪马克列曾说：

"在默默无闻的议员中,牛顿那突出的额头和沉痛的表情,表现了维护学术自由与宗教自由的强硬态度。"

牛顿在当了国会议员后,生活还是非常穷困,剑桥大学的教授们很同情他的处境,都为他奔走。但经过种种努力,仍无法替牛顿找到好的职位。

由于牛顿对一些政务工作不怎么了解,还可能是由于他的性格内向,原本就不爱说话,因此他在议会当中是一个可有可无的人。

然而,伦敦的社会场景给他带来了新的生活内容,也带来了新的观念,他的思想开始慢慢改变,他不再总是一个人蹲在实验室里做实验或者坐在书房里写作。

他交往的人多了,并且经常被邀请出席皇家学会会议,和老朋友聚会,和新朋友结识。还接触了一些上流社会的人物,其中包括王公大臣、皇亲贵族、政府官员。

自从牛顿发明了第一架反射式望远镜开始一直到《原理》出版流传,他在英国科学界已经非常出名,在社会上也有些名气了。虽然牛顿为英国做出了这么大的贡献,在社会上有了这样的名气,可是因为没有钱、没有地位、没有身份,牛顿仍无法过上英国上流社会的生活。

不管怎样,随着牛顿在伦敦生活环境的改变和交往的频繁,他的应酬变得也越来越多,他在伍尔索普家乡的弟弟妹妹们以及亲戚朋友以为牛顿进入了上流社会,纷纷伸出手来希望他接济;而牛顿又是一个本不看重钱财的人,因而每次都慷慨解囊。但是这样一来,他的财政就出现了危机。

在任国会议员期间的主要收入仍然是教职收入,他还没有辞去卢卡斯讲座教授的职位,他还需要经常回到剑桥大学去讲课或者做研究工作。

当时他的年薪收入约200英镑，对于一般人来说这笔收入是可观的，但是要拿到上层社会去，却是捉襟见肘的。只有到这个时候，牛顿才感到了钱和地位的重要。

1696年，牛顿的生活发生了翻天覆地的变化，他由一位躲在书斋里的学者摇身一变，成了官场上的风云人物。

3月19日，一封载着幸运的信件送到了牛顿手上，这是蒙德科写来的。信中写道：

> 由于造币局监督奥博特里先生，调任海关税务委员会委员，原来的职位因此出缺。前一阵子国王向我表示，要请你继任造币局监督，不知你觉得如何？
>
> 我认为这职位很适合你，而且这是一个仅次于局长的职位，年薪为五六百镑，这里的工作不会太繁忙，所以不会占用你多少时间。
>
> 请尽快来伦敦，一切必要的手续我会替你办。

蒙德科是牛顿曾教过的学生，他毕业后选择了从政，一路高升。17世纪90年代末，他对英国的政务有着重要影响。他与牛顿的私人交情很深。

英国自伊丽莎白女王时代采取金本位制以来，因为银币是用粗劣的合金制成的，所以常常被伪造，以致银币价值一落千丈，物价飞涨，人民生活困苦不堪，对国外的信用也丧失殆尽。

在这种情形下，国会通过了铸造新银币来代替旧银币的提案。这样，货币改造问题，就成为英国的重大问题之一。而蒙德科为表现他的才干，便委托牛顿担负这一重要任务。

1696年1月21日，牛顿被任命为铸币厂督办，他决定亲自投入重新铸造货币的工作。

牛顿在了解铸造银币的过程后，便开始研究新的铸造方法。他过去一度热心于炼金术，也就是将各种金属放在容器里混合、加热、提炼，试图从中提炼出金子。虽然炼金的结果没有炼出真正的金子，但那段经历却给牛顿的铸币工作提供了难得的经验。

对他来说，这是一件相当辛苦的事情，三十几年来，牛顿一直在讲堂和研究室为科学真理献身。现在，面对陌生的政府行政工作，他感觉有点不太习惯。但牛顿的个性是不管哪一件事，只要他负起责任来，就一定要做好，否则心里会很过意不去的。

没多久，牛顿就想出了一个新的铸币方法。他把旧的银币放进大熔炉里，等它熔化后再倒进预先铸好的银币模子里，这样一来，银币的形状、大小、重量就统一了。

新的银币由于铸币方法复杂，所以很难被伪造，英国的经济自此逐渐复苏了。

从历史的角度来看，货币重铸工作与《原理》一书相比，只是一件平庸的事情。但尽管如此，这却是牛顿自己的选择。

牛顿天生就是一个行政管理人才，由于他的到任，造币厂受益匪浅。货币重铸工作进展不佳，即建立五个临时地方造币厂，以加速新币在全国的发行。

当牛顿到职时，这些地方造币厂的进度大大落后于计划，财政部对它们的压力很大，整顿这些造币厂是牛顿着手进行的工作之一。

对于这些工厂的成功运作，牛顿所发挥作用的程度恐怕无法精确表述，他发挥作用的证据，主要还是靠时间来表明。实际上，牛顿到职不足三个月，这些工厂就开始正常运行了，当然造币厂的工作人员并非仅牛顿一人。

后来，牛顿从造币厂督办升为厂长。从督办升任为厂长，在造币厂可以说是空前绝后。不过，牛顿仍是剑桥大学的研究员、教授。

实际上，三年半的时间足以将牛顿改变成一名地道的公务员。牛顿不但根本不想重返剑桥，而且还企图谋取地位更高的厂长职位，达到其继续留在伦敦的目的。

1701年12月10日，牛顿终于辞去剑桥大学的教授和研究员职务。这一年，铸币的工作量很大，牛顿作为厂长的收入几乎达到了3500英镑，相比之下，剑桥大学的收入实在微不足道。

造币厂厂长还有另一个义务，即在下院出任议员。这样，牛顿就可以在下院中支持政府。1698年正值选举年，牛顿来到剑桥大学，不过他没有参加议员竞选。

1701年，牛顿竞选议员并获得成功，自12月20日起担任议员职务。就像在以前的国会会议中一样，牛顿在各方面都不突出。

1702年夏，牛顿给他的一位朋友写了一封信，信中指出，他拒绝返回剑桥公开参加新的一轮竞选。当时安娜女王在选举中强化遵奉国教的观念，也许这对牛顿作出上述决定起了一定作用。

1703年11月30日圣安德鲁节这一天，牛顿顺利地当选为皇家学会会长。安娜女王的丈夫乔治公爵，对于科学相当有兴趣，所以在牛顿担任皇家学会会长的第二年，乔治公爵便加入了学会。

1705年，安娜女王亲临剑桥，授封牛顿为爵士，牛顿便成了英国史上第一位被封为爵士的科学家。

于是，造币厂厂长、皇家学会会长、爵士，牛顿成了名噪一时的风云人物。

牛顿虽然得到了英国史上最高的荣誉，但是他生性淡泊名利，从不因为拥有如此崇高的成就而骄傲。相反，他比以前更谦虚、宽厚，更乐于助人了。

出色的皇家协会会长

　　牛顿是自造币厂建立以来最出色、最有能力的厂长，他总是认真地对待自己的工作。

　　虽然人们为科学界从此失去一个重量级人物而叹息，但牛顿却以实际行动驳斥了"数学家缺乏实际头脑"的愚蠢说法。

　　升任造币厂厂长后，牛顿已经没有精力继续从事在剑桥大学的研究和教学工作，他决定不再干下去了。

　　可是，这个讲座由谁来接替他主持下去呢？当年，牛顿的老师巴罗教授主动将位子让给牛顿，可谓慧眼识英才，现在，牛顿也想退位了，他必须找一个信得过，又有真才实学的人。

　　他首先想到了自己的一个忠实的追随者，此人名叫慧斯顿。

　　"慧斯顿，我找你来想和你商量个事儿。"

　　牛顿把慧斯顿叫到家中，和他面对面谈起来。

　　"先生，什么事？您说吧。"

　　"你知道，我刚刚升任了造币厂厂长，这个职务虽高，但责任也大，要办的事比以前多得多。我也渐渐老了，体力、精力都有限，剑桥这边的事恐怕就没有精力再支撑下去。叫你来，就是想推荐你接替我在剑桥的职位，继任卢卡斯数学讲座教授。"

"什么？卢卡斯数学讲座教授？"

慧斯顿简直不敢相信自己的耳朵。

"让我接替？"

卢卡斯讲座的成立源自剑桥大学卢卡斯教授，他在临终时的遗嘱里设立了这个教席，并且规定，卢卡斯讲座必须由三一学院最出色的教授执教，教授每年可以从卢卡斯的遗产中获得100英镑的津贴。荣获这一殊荣的第一位教授便是巴罗，而牛顿则是第二位。

对于任何科学家而言，这个职位无疑都是充满诱惑性的，它意味着荣誉和地位。

牛顿那坚决的语气，使慧斯顿增强了信心。在片刻的考虑过后，慧斯顿爽快地答应下来。

"好好干吧，年轻人，我相信你一定能做得出色，衷心祝福你。"

两个人紧紧地握了握手，就这样达成了默契。

1701年12月10日，牛顿正式辞去卢卡斯教授一职，由慧斯顿接替。

虽然退出了剑桥大学，但牛顿并没有退出整个学术界，他还有许多事要做。

1703年，牛顿的老对手胡克去世了，这为牛顿当选皇家学会会长清除了障碍，11月30日圣安德鲁节这一天，他顺利当选为皇家学会会长。

1704年2月16日，牛顿以皇家学会会长的身份，给学会带来了他的第二部巨著，即《光学》。

英国皇家学会成立于1660年，它完全由一流的学者组成，是世界上最早的科学团体之一，它为当时的英国，乃至世界的科技发展起到了推动作用。

英国皇家学会可以称得上是英国科学的心脏。在当时复杂的政治状况下，牛顿深知，要干好这个会长绝不是件容易的事。

牛顿当选为会长后，学会在12月8日召开了第一次会议，可当时牛顿并没有参加。直到12月15日，他才出现在会场上，之后他即刻执掌了帅印。

牛顿把在造币厂所表现的品质以及管理才能带到了皇家学会，同时本能地感到他无法将自己同意承担的义务弃之不理。在皇家学会历来的管理上，亨里·来普斯爵士特别强调，学会的一切事务应该由既有能力又有胆识的领导全局策划，统一指挥。

由于皇家学会的前几任会长都是因其政治影响力而当选，所以，在经历了会长多年来并不露面的情况之后，学会会员们惊异地看到牛顿全身心地牢牢掌握着学会前进的航向，使其朝着既定的目标乘风破浪，不断前进。牛顿自己也决意要把学会的理事会管理好，于是，几乎每次理事会他都出席。

在学会里，他仍旧保持着一贯的风格：谨慎、沉默。尽管他从不滔滔不绝、口若悬河，但是他却总是带着威严端坐在会议桌的中间，那样子就像是家长坐在一群孩子中间。

"各位先生们，我非常感谢你们推选我为皇家学会会长，以接替不幸去世的胡克先生。"

牛顿的声音在会议室里回荡着，缓慢又低沉。

"皇家学会自创办以来，一直是大不列颠乃至整个欧洲科技研究的核心机构，我们当中的每个人都对它的健康成长有不可推卸的责任和义务，这一点每个会员都应该牢记。"

说到这，牛顿停了一下，清了清嗓子，故意提高了声音继续说："也请大家记住，我们这里不是议院，我们欢迎的是多做事少说闲话的人。"

有几位平时比较活跃又不务实的会员听到这，不约而同地低下了头，他们知道，牛顿这话是说给他们听的。

作为会长的牛顿对于皇家学会的贡献主要在于他管理有方，而非其学术水平。在牛顿担任会长、执掌学会各项事务期间，学会的经济状况也开始好转。

在管理方面也涉及了学术问题。这点牛顿是很清楚的，学会当时的问题在于会议议题缺乏严肃的内容。于是，他就任会长后，便本着解决这一问题的原则，制订了一项"皇家学会建设规划"。该规划声称："自然哲学的目的在于发现自然界的结构和作用，并尽可能地将其归结为一些普遍的法则和定律，用观察和实验来建立这些法则，从而导出事物的原因和结果。"

有了这一目标，学会中就有了擅长哲学学科的专家，他们也会积极参加学会召开的例会。

接着，牛顿又确定了自然哲学的五门主要学科，为每门学科任命一名指导员，并给予一定的资助。这五门学科是：数学与力学；天文学与光学；动物学、解剖学与生理学；植物学；化学。他还明确指出，学会只任命那些在各门学科中享有盛名的学者。

在实际操作中，牛顿建议保留实验员的职位，这样在例会上就会有实实在在的内容。过去，牛顿的老对手胡克曾在这个职位上非常出色地做过许多年，而且，在会员们漫无目的地夸夸其谈使会议陷入庸俗的情况下，正是由于他的努力，学会才得以延续至今。胡克去世后，牛顿要做的第一件事是要找一个人来代替胡克。

牛顿很快付诸行动，让弗朗西斯·霍克斯尔接替胡克。1703 年，牛顿主持第一次会议时，弗朗西斯·霍克斯尔首次在皇家学会亮相，尽管他当时并不是学会会员，但他却在会上展示了自己新近改进的一台空气泵。之后，他接连出席学会召开的会议。就这样，整整十年，他一直为学会服务，为其召开的会议提供了大量具有科学性的内容。

1707 年，牛顿又找了一个指导员，让他暂时协助弗朗西斯·霍克斯尔在学会会议方面的工作。就这样，詹姆斯·道格拉斯博士经常在会上进行解剖讲解。

在牛顿的努力下，学会例会的质量在稳步提高。学会会员从 17 世纪 90 年代的最低点开始不断地增长，在牛顿执掌政务期间，会员人数翻了一番。学会的振兴当然是由许多因素促成的，但是牛顿极力倡导提高各种会议的水平，无疑是这些因素中最重要的原因。

牛顿在致力于处理各种繁杂管理琐事的同时，还尽可能以有效的方式提醒皇家学会会员们时刻不要忘记学会的基本宗旨。

牛顿当上皇家学会会长之后，与以前的老友弗兰姆特斯开始了不愉快的交往。牛顿刚刚当选后几个月，也就是在 1704 年 4 月 12 日那一天，他去了格林尼治，了解弗兰姆特斯的观察进展情况。但看过结果后，建议把资料送给乔治亲王过目，以便获得一些资助。

随后，牛顿和这位老友展开了争论，弗兰姆特斯难免要承担一些责任。弗兰姆特斯是一名皇家学会会员，但牛顿从未将他纳入待出版的著作委员中。后来，弗兰姆特斯去世，由他的两位助手根据计划完成了《天体史》一书，该书后来被知名学者称为天文学史上的一大里程碑。

1705 年 12 月 21 日，戴维·哥蕾果利进行了一场深入的探讨。

在1710年之后的几年中，牛顿在学会中的地位逐步稳固。会议的水平不断提高。皇家学会渐渐形成一种帝国的气氛。弗朗西斯·霍克斯尔经常在会上向会员们展示他的有关电或毛细作用或光的折射等实验。弗朗西斯·霍克斯尔于1713年去世，1714年年初牛顿找到德萨古列尔接替他的位置。由于有了德萨古列尔这一骨干力量以及其他一些年轻的牛顿崇拜者，学会的会议在几年内得以迅速发展。

　　牛顿在皇家学会取得了各种成功，但有一次失败却让他久久不安，也就是那次关于出版弗兰姆特斯的书。《天体史》的出版不仅让人们了解了他的为人，而且也清楚地知道了他和英国科学界的关系。对于牛顿而言，他无法忍受不同意见。

　　不管怎么说，皇家学会在牛顿的英明领导下，出现了生机勃勃的景象，科学开展得相当兴旺。

　　牛顿自从当上了皇家学会会长后，就再没有离开过，他年年续任，一直到他去世为止，长达25年之久，他成为英国皇家学会历史上任期最长的会长，同时，他也是人们公认的最负责任、最优秀的会长。

攻克各种科学难关

牛顿一生的绝大多数时间都在挑战科学难关。根据专家考证，1692年因失火烧毁的《化学》手稿，也是一部科学巨著，如果不被烧毁的话，牛顿的头衔上面，可能会有一个"化学家"的称号。

牛顿懊恼极了，几乎一个月昼夜不停，他开始重新撰写《光学》手稿，至于《化学》，他再也没有精力去管它了，以后也没有再管。

但是，由于长期的各种因素的积聚，这位巨人再也支持不住，终于精神崩溃了。长年累月的科研工作，尤其是18个月撰写《原理》那紧张的日日夜夜，呕心沥血，在《原理》出版过程当中和胡克的争论以及《原理》出版之后由于不被理解而遭到各方面的批评、指责和攻击，使他为了辩论而大伤脑筋。

从1692年9月开始，牛顿连续五夜不眠，吃不好，睡不香，精神紊乱，情绪激动，总是为一些小事而大发脾气。一时明白一时糊涂，行为怪异，并怀疑他的朋友们都抛弃了他，妄想迫害他、折磨他。

在众多朋友的关心和帮助下，经过几个月的治疗和调养，牛顿渐渐恢复了健康，头脑也清醒起来。他给朋友们写信对病中的失礼表示歉意，然后集中精力，再次全身心地投入到他的研究工作之中。

牛顿着手改进他的月球运动的理论，并写信给弗兰姆特斯，希望他把天文观测的最新数据寄给他。他还为《原理》的再版作了补充和修改。他一有时间就扎进实验室，像过去一样，再度忙于他所心爱的化学实验。牛顿重新撰写《光学》一书并改进有关理论。而在这同一年，他还开始了古代史和年代学的研究和写作。

虽然牛顿有着过人的精力，但他的科学研究还是受到了很大的影响。牛顿在后三十多年，在科学上已经没有什么重大的创造性的发现和发明了。

但这并不表明牛顿那过人的智慧就从此消失了，他思考问题仍然是那样敏锐、那样深刻，仍然是无人可比的。

1696年，瑞士数学家约翰·伯努利向全世界的数学家提出了一个非常具有挑战性的数学问题，求解：设在垂直平面内，有任意两点，一个质点受地心引力的作用，自较高点下滑至低点，不计摩擦，问沿什么曲线时间最短？

这就是历史上有名的"最速降线问题"。问题的难点就在于和普通的极大值、极小值求法不同，它是要求一个未知函数曲线来满足所给条件的。

这个问题困扰了欧洲数学界6个月，也没有人能解出来。

牛顿第一次听说这个问题是哈雷告诉他的，那天他去哈雷家拜访，闲谈之余，哈雷问牛顿：

"最近有没有看《皇家学会报刊》？"

"造币局的事忙得我头昏眼花，哪里有时间看报啊？"

牛顿一脸的疲惫与无奈。

"那你一定没听说关于挑战的那件事吧？"

哈雷一下子兴奋起来，说话的声音有点颤抖，因为他在牛顿身上感觉到了希望。

"什么挑战？我可从来没听说过！"

一向乐于探索和解惑的牛顿，顿时精神起来，坐直了身子。

"快说说看！"

哈雷把伯努利挑战的来龙去脉详细地讲了一遍，并将印有这道难题的报纸拿给牛顿看。

牛顿看过报纸后，微微一笑。

"等我的答案吧！"

那天他在造币厂工作了整整一天，刚刚筋疲力尽地回到家里，就开始思考这个新颖的问题。

第二天凌晨4时，他就解出了这个问题，并且还写了一篇行文非常漂亮的文章以匿名信的方式寄给了皇家学会。

当伯努利看到皇家学会刊出的这篇匿名文章时，立刻喊道："噢！我从他的爪子认出这头狮子了。"

后来，1716年，在牛顿74岁时，莱布尼茨提出了一个在他看来是比较困难的问题：要求找出单参数曲线族的正交轨道。他以此作为对欧洲数学家，特别是对牛顿的挑战。牛顿也是在一天的17时接到这个挑战的，也是刚刚筋疲力尽地从该死的造币厂回来。

这一次莱布尼茨多少有些乐观，因为他作为当时世界上第一流的数学家提出的难题并不容易解答，他以为这次一定使这头狮子落入陷阱了。然而，牛顿仍然是在一个晚上就把问题解决了。

牛顿天生是一个伟大的科学家，但天生就不是一个政治家！他偏要放弃自己心爱的科学事业而去从政，去从事自己并不喜爱的职业，这好像是难于理解的，实际上也并不难理解，或许这就是社会的悲剧。科学生涯带给他的是冷冷清清，一贫如洗；而上流社会带给他的却是荣华富贵，无尽享受。虽然后者贡献远远不如前者大，但是，社会就是这个样子，连牛顿这样的巨人，也无法抵挡这种诱惑。

不论身处何地，牛顿本身仍是一位科学家。实际上，使牛顿获得盛名的并非是他的政绩，而是他震撼人心的科学成就。《原理》一书在出版十多年之后，牛顿的理论才逐渐在国内外被人们认同和接受，科学界承认这是当时最先进的理论，牛顿的名声迅速提高了。

建立经典力学体系

　　牛顿是经典力学理论的集大成者。牛顿力学的建立是科学史上的一次重大变革，这标志着近代理论自然科学的形成，并成为其他自然科学的基础。

　　牛顿力学的建立是以其他科学家的研究为基础的，尤其是伽利略与开普勒的观点，对牛顿的力学有着重要的影响。

　　伽利略通过对自由落体的研究，发现了惯性运动和在重力作用下的匀加速运动，为牛顿第一定律和第二定律奠定了基础。伽利略关于抛物体运动定律的发现，对牛顿万有引力的学说也有一定的启发作用。

　　天文学家开普勒发现的行星运动定律则是牛顿万有引力学说产生的依据。1609年，开普勒的《新天文学》出版，揭示了太阳系行星运动的两条基本定律：行星运动第一定律：行星的轨道是椭圆形的，太阳在椭圆的一个焦点上。行星运动第二定律：在相等的时间内，行星和太阳的连线所扫过的面积相等，也称为面积定律。

　　后来，开普勒又发现了行星运动第三定律：太阳系中任何两颗行星公转周期的平方比等于它们轨道半径的立方比，亦称周期定律。

行星运动三定律的发现，揭示了整个太阳系的运动图景。开普勒的发现，使太阳系成为一个严格按照确定规律运行的力学系统。因此，西方人把开普勒称为"天空立法者"。

牛顿认为物体内部的力才使物体能够运动，也就是今天我们所知的惯性原理。在笛卡儿的著作中，他还发现了两个没有完全解答的难题：碰撞力学和圆周运动力学，它们成了牛顿研究的中心。

牛顿以力的新概念为基础，直接进入了对碰撞的研究与分析。笛卡儿分析碰撞时根据的是运动物体内部的力，他称为"物体运动的力"。而牛顿则认为：物体运动的力，与物体承受某种外力作用一定有着密切联系。

这是对力的新看法，它将物体看成是作用于它之上的外力的被动物，而不是碰撞在其他物体上的力的主动载体。

牛顿经过20多年的细心钻研，从这一点出发，最后得出了他自己的全部动力学理论。

牛顿为了写《原理》，首先要研究动力学，在完成《论轨道物体的运动》之后的6个月时间，他在这方面投入了大量精力。

牛顿动力学的关键在于内在力与外加力的密切联系，为了把它们解释清楚，牛顿后来又对"物体内在固有的基本力"和"物体被迫承受外加到物体上的力"进行了研究。

在17世纪，牛顿就已经得出物质与运动没有多大关系。莱布尼茨后来争辩说，如果物质完全与运动无关，任何力都可以赋予物体任何速度，那么也就不可能有定量的动力学科学。这个时候，牛顿没有再提出什么基本原理，显然他是赞同这个观点的。

于是，牛顿的动力学还是集中在内在力与外加力的相互作用上。他在《论轨道物体的运动》中确定了两种力的关系，后来又一条运动定律出现，即现在称为的第三定律。

牛顿所要解决的笛卡儿的第二个问题，也就是圆周运动涉及的力学很复杂，可能会强化他原来关于物体内部力的观点。遵循这一观点和以往的经验，牛顿同意：做圆周运动的物体总是努力退离中心，就像绳子上的石头在旋转时总是拉着绳子。

这种要退离的努力好像是运动物体内部倾向，是保持物体运动的内部力做圆周运动时的表现。为了对这种退离倾向进行测量，牛顿运用了碰撞理论分析。

物体退离中心的力，惠更斯则认为是"离心力"。离心力公式使牛顿可以解决他在伽利略的《对话》中发现的问题。在一次辩论中，他提出了这样的观点："地球的旋转之所以不把物体抛向空中，是因为物体的重力，即降落物体的加速度大于旋转产生的离心力。"

牛顿的观点与力学研究紧密相连。可是，牛顿对伽利略关于重力加速度的数据一直抱着怀疑的态度。后来，牛顿利用圆的几何特性精确地计算出了离心倾向力，并得出结论：物体做均匀圆周运动时，时间与弧长成正比。如果不限制物体做圆周运动，它就会做直线运动，因此，他将离心倾向定为瞬时运动，它等于正切偏离圆的距离。

牛顿的基础工作做了这么多，显然不能满足他的渴望，他又把"月球退离地球中心的力"与地球表面的重力进行了比较，于是，他发现重力逐渐在变大。

那为什么不可以远到月球上呢？这个问题提高了牛顿研究的兴趣。于是他用各种方法计算可能得到的结果。他采用的是地理学家和海员通常采用的数据：地球表面的纬度为60英里。他的计算与理论不太相符，这让他产生了一个想法：如果月球是由旋涡带动的话，除了重力外，月球同时还拥有力的混合物。

牛顿在比较月球的离心力与重力时，脑子里总闪现出某种想法，正是落下的苹果诱发了他的这种想法。于是，他发现了万有引力，但是牛顿却把《原理》一书揣在怀里达20年之久，直到哈雷发现了，才使它公开。

牛顿在力学上的研究有了很大进步，在此基础上，他实现了天上力学和地上力学的结合，形成了统一的力学体系。

牛顿力学三定律构成了近代力学的基础，也是近代物理学的重要支柱。

牛顿的力学三定律和万有引力定律把天体运动定律与地上物体运动定律统一起来，构建了经典力学的理论大厦，并把力学理论应用到太阳系中，使天体力学中的一系列问题得以解决。他给出了计算太阳质量和行星质量的方法，并证明了地球是一个赤道凸出的扁球，说明了潮汐的涨落，解释了岁差现象，分析了彗星运动的轨迹和天体摄动现象等。

在18世纪及以后的一系列事实，证实了牛顿力学的真理性，从而得到了广泛的承认。

哈雷彗星的发现，地球形状的证实，关于行星摄动现象的证实，这些对牛顿万有引力定律的证实具有重要意义。

此外，如关于引力常数G的测定等，也都证实了万有引力定律。1781年，英国天文学家赫舍尔发现了天王星，首次发现了行星的摄动。1799年，法国著名科学家拉普拉斯出版了《天体力学》一书，建立了行星运动的摄动理论和行星的形状理论，进一步证实了万有引力定律的正确性。

在这之后，人们运用万有引力定律对天王星摄动现象进行了复杂的计算，预言了海王星的存在。1845年发现了海王星，这是对万有引力定律的有力证明。

牛顿运用归纳与演绎、综合与分析的方法使得力学体系更加完善，被后人称为科学上的模板，显示出物理学家在研究物理时，都倾向于选择和谐的体系，追求一种简明、理想的形式。

经典力学的建立促进了自然科学和科技的发展，促进了社会的进步。一是科学的研究方法推广应用到物理学的各个分支学科上，对经典物理学的建立起着推动作用。二是经典力学与其他科学相结合从而产生了交叉学科，使得自然科学得到了更进一步的发展。三是经典力学在科学技术上有广泛的应用，促进了社会文明的发展。

牛顿作为一个科学家，在力学上做出了巨大贡献，并在众多领域取得了伟大成果。正如恩格斯所说："牛顿由于发现了万有引力定律而创立了科学的天文学，由于进行了光的分解而创立了科学的光学，由于创立了二项式定理和无限理论而创立了科学的数学，由于认识了力的本性而创立了科学的力学。"

简单的个人生活

牛顿一生未婚，但对斯托瑞小姐这位他一生唯一钟情过的女士，一直非常关心。只要回林肯郡，他都会去探望斯托瑞小姐，有时也在经济上资助她，像对至亲一样，这种友谊持续了一生，直到他离开人世。

斯托瑞小姐的出嫁，曾使牛顿心中非常难过，但他只是把心中的苦痛化作前进的力量，更加专心地投入研究和学习中。进入剑桥大学，他在科学研究上也有了更加长足的进展，成了闻名世界的科学家。

后来，经过国王查理二世的特批，牛顿以非神职人员的身份留在剑桥大学。他的朋友们都希望他能在紧张研究之余，能够有一个温馨的家庭，给他提供一个休憩的港湾，使他能够享有常人的天伦之乐。但是牛顿每天的日程都排得满满的，根本就没有时间去谈恋爱。

在朋友的安排下，牛顿也有过几次相亲的经历。有一次，一位朋友替他精挑细选了一位小姐，经过牛顿同意，这位朋友把她带到了牛顿家中。

可惜，谈话刚刚开始，牛顿就想起了自己刚才所得出的实验数据计算似乎有误，他立刻感到坐立不安，心急如焚，暗暗盼望朋友能带着这位小姐早早离去。可朋友却仍在滔滔不绝地夸耀小姐如何蕙质兰心、落落大方，丝毫没有离去的意思。小姐也是面含羞赧地坐在一旁，一动不动。

牛顿只好在心里默默地计算实验数据，以至于朋友几次与他搭讪，他都没有一点反应。朋友只好为他掩饰，同时不断地使眼色让牛顿说话。但是牛顿虽然还呆坐在那里，心却已经飞回了实验室，对朋友掩饰的话和示意的眼神充耳不闻、视而不见。

小姐的脸色越来越难看，还没等小姐起身告别，牛顿突然站起来说："对不起，我出去一下。"然后，他转身就走了出去，再也没有回来。

他的朋友和那位小姐等了很久，也不见他回来，小姐只好遗憾地走了，以后再也没有来过。后来，牛顿也感到非常抱歉。

但科学像磁石一样吸引着牛顿，他在婚姻和科学之间，总是选择科学。牛顿做事十分刻苦努力，不成功绝不罢休，这从小就已表现出来。这种特征随着他年龄的增长而有增无减，伴随其终生。为了心爱的事业，他忘掉了一切。

有时牛顿也会回去看望家人，但那只是为了用亲情冲淡一时的烦恼。母亲关怀他，像是要补偿给他母爱。但是幼时母亲改嫁、失去双亲的孤独感和隔离感在他心中留下的阴影虽然已经很淡，却总也挥之不去，这使他不能充分地享受家庭的欢快和体味母亲的亲情，以致后来家也很少回了。

为了工作，牛顿放弃了好多追求生活乐趣的事情。从年轻时起，他就从来不记得按时用餐,做日常事务显得极其笨拙,对自己的健康也漠不关心。

牛顿喜欢服用自己配制的家用药物,其中之一是用橘皮煮汤,加糖代茶,在吃饭时饮用。他晚间工作,一般熬到深夜。由于缺乏充足的休息和睡眠,30岁的时候,就已有了白发。

牛顿没有娱乐,确切地说,他没有时间去娱乐。如果要说有娱乐和业余爱好的话,那就是喜欢做化学实验和搞炼金术,他的大多数时间都是在办公室中度过的,他的外衣经常有做化学实验时沾上的污渍。

牛顿太忙碌了,完全没有时间去观察自己的形象。他样子很落魄,往往领带不结,鞋带不系好,有时连裤子的纽扣也系不好,就走进了大学的餐厅,在那里匆匆忙忙地吃饭。更忙的时候,他都不记得自己是否吃过饭了。就这样只是全神贯注于所研究的问题而对自己的日常琐事一点儿也不放在心上,这方面有许多流传的故事。

有一段时间,牛顿常常站在架在花园门口的望远镜前想得出了神,一站就是几小时。有一次,他听到一个园丁在指指点点地跟别人说:"这个人知道的东西比全人类知道的东西加起来还要多。"

牛顿回过头来望着园丁,不解地问:"你在说谁?"园丁看他那副一本正经的样子,捧腹大笑。

牛顿对自己的生活显得那般漠不关心,金钱对其更是无足轻重。牛顿常常把钱借给别人或送给别人,不管是认识的还是不认识的,只要开口,他就一定会给的。这体现了牛顿的性格温和、待人诚恳。但是,当他与别人发生争执的时候,一旦被激怒,就一点儿也不会让步的。

牛顿的一生，总是想避免争论，然而却总在争论中度过。但是，他对年轻人却好多了。在金钱上，一方面，他和许多文人学者一样，把钱看得不重；另一方面，到了晚年他对钱的计算比谁都精明。有一个传说他用钱的故事。

有一次，一位来访的客人请牛顿对一个棱镜代为估价。牛顿被这个作为科学研究工具的棱镜吸引住了，不假思索地回答说："它的价值大得我都无法对它估价了！"客人立即要把棱镜卖给他，向他讨了一个特别高的价。牛顿却毫不迟疑，真的把棱镜买了下来。后来别人知道这件事后，对他大叫："嗨，你这个笨蛋，你只要按照玻璃的重量折一个价就行了！"

有一次，牛顿在实验室内做实验，助手几次进来提醒他该吃饭了，他都不愿放下手中的研究。助手担心他记不起来，在出门之前，给他拿了几个鸡蛋，对他说："先生，如果你饿了，就把鸡蛋煮了吃。"牛顿漫不经心地点点头，又沉浸在了自己的实验中。

几小时过去了，实验还没有做完，牛顿却感到腹中一阵饥饿，忽然想起助手给他留的鸡蛋，就随手抓起"鸡蛋"，放入炉子上已经沸腾的小锅内，转身又开始做实验。

助手外出办完事后，回到实验室，只见锅内的水咕嘟咕嘟地沸腾着，鸡蛋却还好好地放在一边，一个不缺。这是怎么回事？他好奇地掀开锅盖，却发现里面煮着的竟然是牛顿的怀表！

助手不禁骇然，他不顾烫手，龇牙咧嘴地将表捞出，忙追问牛顿："先生，你怎么把怀表放到锅里去了？"

"怀表？"牛顿一摸自己的口袋，怀表确实是没了，他这才想起刚才一定是因为一直在关注实验，不知不觉地把怀表当作鸡蛋扔进了锅里。

在人们的印象里,牛顿似乎节俭到了吝啬的地步。事实上,他在剑桥大学时收入虽不高,但他并不贫穷。而且作为一个杰出的数学家,他头脑精细,善于理财。他的生活虽然简单,却并不艰苦,每周典型的菜谱都会有一只鹅、一只鸡、两只火鸡。牛顿珍视友谊,待人真诚,每当有朋友来访,他总是让人准备比平时更丰盛的菜肴。

有一次,一个朋友写信给牛顿,说他要在晚上来拜访。牛顿非常高兴,马上派人送信给那位朋友,说欢迎他晚上来做客。因为当时没有通信工具,按照英国绅士的习惯,未经预约,不能随便登门拜访。于是,人们会在登门之前派人送去一封信,表明要登门拜访的意图。主人也会回信表示同意来访或因为不便而拒绝。

当天晚上,当朋友来到牛顿家中时,仆人已经准备好了丰盛的晚餐,但牛顿还在实验室内忙碌。朋友不愿打扰牛顿,就坐在客厅内边看报纸,边等待。时间过得特别慢,对饥肠辘辘的人尤其这样,那简直是一种折磨。

牛顿的朋友左等右等,两个多小时过去了,牛顿却还没有露面,他只好走到实验室门口。只见牛顿正在一堆瓶瓶罐罐中间聚精会神地边操作、边记录,忙得不亦乐乎。朋友了解牛顿,知道他又陷入了研究中,一定是全然忘记了请客的事。尽管他很想开口提醒牛顿,但几番踌躇,他决定还是不打扰牛顿,悄悄地回到餐桌旁。

看着丰盛的晚餐,朋友自言自语地说:"艾萨克,谢谢你对我的热情款待,遗憾的是,我只能自己享用了。"等了两小时,他已经饥饿难耐,很快就吃完了饭。他又一次来到实验室,看到牛顿仍在忘我地工作,便不声不响地离开了。

又过了两个小时,牛顿的实验总算做完了,在把所有必要的数据都记录下来之后,他才猛地想起来今天有客人来吃饭,他狠狠地捶了一下自己的头:愚蠢!

牛顿三步两步地来到餐厅,只见桌边一个人也没有,仆人都休息去了,桌上一片残羹。

牛顿站着,愣了半晌,突然忍不住大笑起来,说道:"艾萨克呀,艾萨克,怪不得最近你的实验没有什么进展,看你的记忆力已经到了如此地步,连刚刚与朋友吃过饭都忘记了!"

牛顿微笑着,心满意足地回到了他的实验室,开始做下一个实验。

发明权的争论风波

如果说牛顿和弗兰姆特斯持续10年的争论还只是个人的成见之争，那么，牛顿和莱布尼茨之争则发展为国际之争，持续时间将近两个世纪。这场为争夺微积分的优先发明权之争是科学史上最厉害，也是最著名的争论，给数学的发展造成了很大的影响。

莱布尼茨是和牛顿同时代的人，可能在当时是仅次于牛顿的最优秀的人物。他是德国人，第一流的数学家和著名哲学家。他才华横溢，思如泉涌。他除了研究数学和哲学外，还广泛地涉及法学、力学、光学、语言学、逻辑学等41个范畴，被誉为"17世纪的亚里士多德"。

1673年他被选为英国皇家学会会员，1700年当选为法国科学院院士，同年他创建了柏林科学院，并担任第一任院长。

莱布尼茨对数学有着极其深厚的研究，不但独立地创立了微积分，对数学的其他分支也做出过重大的贡献，对于笛卡儿的解析几何提出了很多改进意见，对行列式和包络理论做了很多基础工作。牛顿的数学研究大约始于1664年，那已经是他进入剑桥大学3年以后的事了。

主讲数学的巴罗教授可以称得上是为牛顿打开数学兴趣之门的人。巴罗教授在当年被任命为第一任卢卡斯数学教授，牛顿正是通过他主讲的数学课，对数学产生了浓厚的兴趣。

为了深入了解天体的位置和观察知识，牛顿有选择地购买了《三角学》。为了了解其中对他来说还嫌晦涩的证明，他又系统地学习了欧几里得的《几何原本》和巴罗教授所著的《欧几里得原本简证》，其时受益匪浅。

在此之后，在巴罗教授的鼓励和推动下，牛顿开始学习笛卡儿的《几何》，这本书他用了相当长的时间去领会。

就这样，在短短的几年中，牛顿阅读了大量的数学、哲学名著，大大地开阔了自己的视野，增长了知识。他对当时数学的两大分支，几何和代数领域的最新理论成就进行了充分的综合与发展，进而得出了自己的发现。

他从笛卡儿那里得到了代数符号、各种概念和计算方法，从欧几里得和巴罗教授的著作中拿来了传统的几何证明方法，与在中学和剑桥大学所学的逻辑学相综合，作出了许多伟大发现。

1664至1665年间，牛顿根据瓦里斯的极限概念和级数，发现了无穷级数。当年冬天，他又发现了在任一既定点上求曲线曲度的方法，以及化任意次方二项式为近似级数的方法。

到1665年年末，牛顿已经发明了流数和微积分，并给出了流数的表示符号。一份写于1665年5月的手稿表明，牛顿在23岁时已经充分发展了微积分的主要原理，能够用它找出任何连续曲线在任何给定点的切线和曲率。他称他的方法为"流数法"，意即"流动"或变量及其"流率"或"增长率"。

微积分的发明结束之后，在 1667 至 1668 年间，牛顿在数学领域上主要研究的是三次曲线的性质和分类，并提出了一些有关的理论问题。

1669 年，牛顿写出了《论用无限项方程所做的分析》的长篇手稿，系统地总结他过去的流数和二项式定理的研究成果。当年 6 月，他将手稿交给巴罗教授，巴罗在以后给他的朋友——皇家学会图书馆馆员科林斯的信中提到了牛顿的发现，称赞他"对于流数的发现有杰出的才能"。

过了一个月，牛顿便将这篇论文邮寄给了科林斯，在抄录了一份副本后，科林斯将论文退还给了巴罗教授，向他在欧洲各国的朋友通知了牛顿的发现。

1664 至 1666 年是牛顿在数学研究上的创作高峰期，但他并没有像 17 世纪其他有所成就的科学家通常所做的那样，把自己的研究成果通过正当渠道发表，而是将学习中的心得体会和研究成果直接写在纸上、笔记上或账本上。

这跟牛顿个人的性格有很大的关系，他十分内向、多虑，处处谨慎，从不肯多行一步路、多说一句话，这直接或间接地来源于他发表第一篇论文时所带来的麻烦。就这样，他只是在自己觉得必要的时候，才向朋友、同行透露一点自己的研究情况。

大量事实也表明，在牛顿正式出版自己的论著以前，他曾默许欧洲的一些科学家在极有限的范围内抄录、传播、讨论他的数学发现。这其中包括很多人，有皇家学会主席布朗克尔，秘书奥尔登伯格，英国的格里高利，法国的布尔台、弗尔农和赫留斯，其中还包括当时德国著名的科学家、牛顿后来的死敌莱布尼茨。

1672 年，莱布尼茨与惠更斯有了接触，从而第一次对研究数学产生了兴趣。在那以后,他主要研究用无穷级数求圆和其他曲线的面积,并在1674年中考察了构成曲线的多边形基元之和的一般方法,发明了微积分学。

1673年,莱布尼茨访问伦敦,或者有机会在科林斯的论文中见到牛顿的包含流数原理的论文《论用无限项方程所做的分析》。

1676年,莱布尼茨再次来到伦敦,这时他还未当选皇家学会会员,通过科林斯和奥尔登伯格得知了牛顿有关流数的详细情况。此后,他与他们开始频繁通信,多次提到牛顿的数学发现,如"在给定任何曲线坐标的情况下,求出曲线的长度,图形面积,旋转体的第二次分割及反求法,给出正方形内的任一弧线,不知道原图形便可以计算对数、正弦、正切或余弦及反求法"。

这时,莱布尼茨已经多多少少地了解了一些牛顿的发现,也曾给予其很高的评价。

牛顿也曾经以大量的篇幅给向他请教的莱布尼茨叙述了二项式定理的来源和方法,级数展开法,求抛物线面积和用流数求一般曲线面积法及切线的反求法。有理由相信,这些一定会对莱布尼茨有所启发。

1684年,莱布尼茨在《学术学报》上发表了《求极大和极小及切线的一个新方法,它不受分数和无理数的妨碍并是这种情况的反常形式》,对对数进行了详细的论述,并正式提出了微分原理。但他在此部分的任何地方都没有提到过牛顿的名字,更不要说他的帮助或启发了。

1686年,莱布尼茨根据积分与微分的对立,得出算法上也应为对立的结论,将微分的规则进行变换,从而得出了积分的规则。他还运用求极大、极小和切线的方法及无穷级数法,写出了一篇奠定积分原理的论文，在《学术学报》上发表了。在这篇论文中，他第一次使用积分符号"∫"，至此，莱布尼茨完成了微积分的发明。

1665年5月，牛顿形成了自己的流数思想和表示法，并在第二年10月给予系统阐述。而莱布尼茨是在1674至1676年间形成微分的思想和表示法的。牛顿的论文发表于1669年和1671年年初，而莱布尼茨的论文发表于1684年和1686年。

这就说明，牛顿发明微积分确实要比莱布尼茨早。发明的时间要早10年，而写成论文则要早近20年！让牛顿震惊的是莱布尼茨发表的论文中丝毫没有提及他的作用，而且一直以来，莱布尼茨都不承认曾经得到过牛顿的直接或间接的促使他发明微积分的帮助。

昨天还是虚心求教的挚友，今天摇身一变，竟然将自己的发现经过改头换面，变成了微积分的发明者！这就难怪牛顿要气恼了。

牛顿在《原理》第一版的第二卷中以三页的篇幅说明流数原理，同时在注释中提到莱布尼茨的发明系得益于自己的研究成果。此时他俩的关系还没有完全破裂。而他们的支持者也没有想到要为各自的偶像摇旗呐喊。他们还是在通信，至少能够承认对方的发明。但在1699年，这一切都改变了。

1699年，牛顿担任造币厂厂长之后，住在伦敦的瑞士数学家法蒂欧向英国皇家学会呈交一篇论文，文中提出牛顿是微积分"第一个发明者，并且领先了好几年，而莱布尼茨这第二个发明者是否从别人那里搞了什么东西，我宁愿有我自己的判断"。

法蒂欧提出这个问题是由于他看到，莱布尼茨1684年和1686年在莱比锡的《学术学报》上，首次发表的关于微分原理和积分原理发明过程的文章中没有提到牛顿的作用及其在多年前已经取得的成果。

早在1665年鼠疫期间，牛顿就已创立了微积分的一些基本原理，他称为"流数术"，并且采用在字母上加符点的独特记法，然而牛顿没有对自己的发明及时公开。

1669年，牛顿写出了第一篇数学论文《无穷多项方程的分析》，阐述了论证还不严密的微积分基本定理，送给巴罗教授看，后来印成小册子分送给朋友，直到1711年才正式出版。另外两篇分别写于1671年的《流数术和无穷级数》以及写于1676年的《曲线求积法》的重要论文分别于1736年和1704年才公开发表。

因此，牛顿公开发表他的微积分思想的最早著作是1687年出版的《原理》，但《原理》并没有应用他自己发明的在字母上面加符点的记法。他只是用几何形式初步地说明了流数原理，用以确定无限小量的比。

因而，只从公开发表的时间来讲，牛顿比莱布尼茨晚3年，但是要从发明的时间来看，牛顿比莱布尼茨要早10年。在这段时间里，莱布尼茨曾经在1673年1月当选为皇家学会会员时访问过英国，1676年10月第二次访问伦敦，同科林斯、奥尔登伯格等人均有过接触，这一点被法蒂欧所怀疑，因而写出这篇论文。

但是，这个问题由于牛顿和莱布尼茨都没有作声而搁置起来。那时他们的关系还是比较好的，都能以比较公正和冷静的态度对待对方。

莱布尼茨到英国访问，并没有得到什么秘密，因为牛顿给奥尔登伯格等人的信件中是以文字形式阐述微积分思想的。他们两人是独自发明微积分的，只是使用的符号不同。

但是1708年，牛津大学天文学家凯尔在《哲学学报》上发表文章，再次提出牛顿是微积分的最先发明者，说1705年发表在《学术学报》上的一篇匿名文章是莱布尼茨写的，并且文章暗示微积分是流数术的改头换面。对此莱布尼茨提出控告，要凯尔公开道歉。1711年《学术学报》发表评论员文章，说牛顿是"剽窃"。

这样一来，争论的性质就发生了根本变化，由争夺优先权到指责为剽窃，双方的争论升级。英国的学者都站在牛顿一方，欧洲其他一些国家的学者都站在莱布尼茨一方。而且在争论中双方都带上了严重的感情色彩，陷入了狭隘的民族主义当中，好像都是为了民族尊严而战似的。

在这种情况下，牛顿的情绪也发生了转变。1712年3月，在牛顿的领导下，皇家学会专门成立了一个由哈雷等六人组成的委员会，专门负责对此事进行调查和评价。

最后他们得出结论：牛顿是微积分的第一个发明者，莱布尼茨是第二个发明者，并说牛顿的流数术内容由科林斯在信中告诉了莱布尼茨。实际上这是暗示莱布尼茨有剽窃之嫌，带有很大的倾向性。

当莱布尼茨向皇家学会申诉这对他不公正时，皇家学会却否认对委员会的报告负有责任。

对于这场争论，英国王室也非常关注。

莱布尼茨给人的印象是一个彬彬有礼、老于世故的人，即便当他用匿名的方式含沙射影地对牛顿进行攻击时，他也从不错过任何一次当众赞扬牛顿的机会。

1701年，一位爵士与莱布尼茨在柏林的王宫中共进晚餐，当普鲁士女王问莱布尼茨他对牛顿的看法时,莱布尼茨说,自从数学在世界上起源到牛顿爵士时代,有一大半是牛顿的功劳。他还补充说,当他碰到某个难题时,他问遍欧洲所有的学者都不能获得满意的答复,可当他写信向牛顿爵士请教时,牛顿会在首批邮件中给他寄来答案,告诉他如何去做,然后他就能解决这个问题。

而在两年前,莱布尼茨曾以匿名的方式暗示说:有人在悬链线所犯的错误便是由于牛顿的方法有缺陷。

第二次挑战发生在1716年,那时牛顿已经74岁,莱布尼茨又想出一个问题,再次向牛顿发难,问题是:"对于一个参数曲线来说,正交常角的轨道是什么?"这一次,莱布尼茨很庆幸,以为可以把牛顿难住了。

牛顿收到这个问题时刚刚下班回家,经过短暂的思考,在睡觉前就给出了解答。这一反击是致命的,它不仅证明了牛顿绝对是前无古人、后无来者的数学天才,而且,这也向人们宣告:踏上仕途的牛顿的数学天分还同年轻时一样强大,他还拥有超常的创造力。

莱布尼茨没有对此作任何评论,他知道自己并非不智,只是绝对无法与牛顿一较短长罢了。从此他一直保持沉默,没有再提出什么问题,直至1716年11月14日离开人世,这场旷日持久的争论才到了尽头。

似乎是牛顿取得了最终的胜利,但实际上没有人在这场争论中取得胜利,这只不过是一场悲剧,悲剧的结果便是无论莱布尼茨还是牛顿,都没能在微积分上走得比对方更远一些。如果他们能够像争论之前一样互通有无,共学共进,至少不把时间浪费在攻击对方和自我辩解上,一切便会朝更好的方向发展。

最后，还是让瑞士人和法国人占了先，他们在牛顿数学理论基础上，采用莱布尼茨先进的表达法，进一步完善了微积分，使其更加简单而实用。

如果牛顿没有受到那些所谓挚友的怂恿和提携，没有去做什么造币厂厂长，他很可能会很容易地创造出作为物理和数学探索工具的仅次于微积分的变分法，而不会把它留给伯努利、欧拉和拉格朗日去开创了。

但如果就是如果，历史由不得假设，虽然牛顿没能继续发展他的理论，但作为微积分的第一个发明者，他已经得到了科学界的公认，并且将因此为后世所铭记。

乐于搞慈善捐赠

晚年的牛顿非常注重将自己的形象留给后人。他不仅在晚年而且自他到伦敦以来，就不断让人替自己画像，继1702年内勒给他画完像之后，不到4年便会有一幅新作问世。

在牛顿生命的最后10年中，画像似乎成了他的一个嗜好。继内勒在1702年替他绘制了一幅之后，耶瓦在1703年给他也画了一幅，甘地在1706年又给他绘了一幅，桑希尔在1709至1710年两次给他画像。1714年，他坐下来让里奇替他绘制一幅小型画像。同年，他又让勒·马钱德替自己用象牙雕刻了一座半身像。

4年之后，也就是1718年，勒·马钱德又替牛顿雕刻了一座半身像和其他一些浮雕。同年，穆雷还替他绘制了一幅画像。1720年，内勒绘制了第三幅牛顿画像，在牛顿1727年去世前的3年中，他又替康迪特给牛顿绘制了两幅。1725年，范德班克为牛顿绘制了两幅画像，1726年绘制了第三幅，而西曼在1726年也替牛顿绘制了一幅。

在牛顿的晚年有证据证明达尔也替他绘制了一幅画像。现存的还有两幅牛顿晚年的画像是由两位不知名的艺术家绘制的，其中一幅放在国家画像艺术馆中，另一幅由赫弗和他的儿子们所拥有。

这些画像有许多或大部分都是由其他人委托制作的，但这些画像也只有在牛顿的配合下才画得出来。不管怎么估算，这都是一个不小的数字，用"着迷"这个词来形容牛顿对画像的喜爱似乎并不过分。

牛顿晚年经常从事的另一项活动是慈善捐赠。他将大部分财产捐赠给了他家族的各个旁支，因为当时他是这个家族中最富有的人，其他成员都指望他能给予帮助。18世纪早期，他们生活中的痛苦多于欢乐，他们带着痛苦来找富裕的牛顿爵士。他的同母异父妹妹的丈夫去世之后，玛丽·史密斯·皮尔金顿像她妹妹哈娜一样也成了寡妇，牛顿同样对她给予了资助，后来他定期每季度给她寄去9英镑以做她的女儿玛丽的生活费用。

牛顿还替他妹妹的儿子托马斯·皮尔金顿担保，让他可以得到贷款。除了他们之外，还有很多人需要牛顿资助。

由于命运的安排，经常有很多穷亲戚上门求助。他的赈济不仅限于他的家族成员，在他的个人书信中，还有很多求助信，这些信件表明牛顿在他周围的人中是一位有名的慈善家。

这些信中的某些内容还证明，他对很多求助信予以答复。在伦敦居住多年，与很多人建立起来的持久友谊以及他所进行的这些捐助活动，大大改善了他与莱布尼茨之争在世人心目中所留下的印象。

牛顿在他的晚年，喜欢回忆在他一生中起过重要作用的各种话题，至少有3个人都分别听他讲过有关苹果与万有引力的故事。

1725年3月7日，牛顿同康迪特进行了一次关于宇宙中各种循环的长时间的谈话，康迪特将这次谈话的内容记入备忘录。牛顿告诉他说他相信有一场天体革命，来自太阳的光和气聚集到一起形成二级物体，例如月亮，而这些二级物体又继续聚集更多的物质，变成主要的行星，最后变成彗星，而彗星反过来又落入太阳以补充太阳所散失的物质。

牛顿认为1680年发现的那颗大彗星，在围绕轨道运行五六次或更多次之后，会落入太阳，由于太阳的热量一下子增加太多，地球上的生命将会毁灭。

牛顿继续说道，人类是近代才出现的，地球上已有的毁灭迹象可以证明他所预言的这种灾难以前曾发生过。

康迪特问他既然生命曾经被毁灭过，那地球上怎么可能又有生命呢？

牛顿回答他说，这就需要一个造物主了。

"为什么您不像开普勒那样将自己的推测公之于众呢？"

"我不赞同推测。"牛顿拿起《原理》，指给康迪特看书中的一些暗示，那些暗示表明了他对彗星的看法。康迪特问他为什么他不将它清楚地表述出来呢？他笑了笑说，他发表得已经够多了，人们足以从中了解他的意思。

就在牛顿去世前不久，他还与某个不知名的朋友一起回顾了他的一生，并作了一个简要的概括。他的这段总结真可谓是对追求真理的一生最精彩的回顾：

"我不知道世人怎样看我，但我自认为我不过像一个在海边玩耍的孩童，不时为找到比常见的更光滑的石子或更美丽的贝壳而欣喜，而展现在我面前的是全然未被发现的浩瀚的真理海洋。"

保持谦逊的品质

虽然人们从未觉得牛顿老态龙钟,但衰老的迹象终于开始出现。在最后的5年中,牛顿的健康每况愈下。

他最大的毛病就是括约肌机能衰退,这也许是1723年的那场疾病所致。从那以后牛顿就开始小便失禁。但这并没有把牛顿吓倒,反而更让他坚强起来。

牛顿在这个时候接待的客人比较多,参加的活动也比较多,由于这会引起更大的痛苦,于是他不再乘坐马车,而是每天都坐在椅子上。他不再到外面就餐了,请朋友到家吃饭的次数也减少了。所有的肉制食品都不吃了,而改为肉汤、蔬菜和菜汤等易于消化的东西。

也就在这个时候,他取消了一切应酬及宴客。这时,他重要的著作《自然哲学的数学原理》第三集出版了。有一个荷兰的年轻外科医生宾巴尼,在偶然的机会里看了这本书后,被这本书吸引了,并感觉到了这本书的伟大。

后来,宾巴尼写了一篇关于莱布尼茨"落体力学说"的论文,牛顿看了非常高兴，并对他大加赞赏，还跑到宾巴尼的住处去拜访这位青年。从此，两人经常见面，很快两人建立了朋友关系，宾巴尼也成了牛顿的好帮手。宾巴尼后来回忆说：

"牛顿那时的记忆力不如以前，已有明显的下降趋势，但是对于他著作的理解力还是很强的。关于这一点，正好和人们传说的相反。牛顿这时虽然是一位闻名全球的科学家，但他依然谦虚谨慎、一丝不苟，从不表现出顽固与自大的样子。"

1724年8月，医生把两粒豆大的结石从牛顿身上取了出来，这使牛顿的痛苦也减轻了许多，他以为自己完全恢复了，为之感到高兴，亲戚朋友也替他欢欣鼓舞。可是好景不长，新的问题又出现了。

1725年1月，牛顿咳得非常厉害，还感染了肺炎，紧接着，痛风又进一步加重了他的病症。牛顿不得不听从医生和朋友的劝告，移居到肯辛顿休养。

有一天，牛顿的老友来拜访他，找了很久，都看不到他的人影，正在这时，突然听到从屋里传来了牛顿的声音：

"在这个洞的旁边，再凿上一个洞，这个比原来那个小一点儿。"

老友看到这两个洞，感到很奇怪，便问牛顿："你干吗凿两个洞呢？这是用来做什么的呢？"

牛顿回答说："我养了一只小猫，最近老是跑到我房间里来，我看它在外面急得团团转进不来，怪可怜的，于是，我就帮它凿了洞。这些天，它生了只可爱的小猫，这个小洞就是给小猫走的。"

老友听完他的讲述，便哈哈大笑起来，过了一会儿才停下来，对牛顿说："你真有点糊涂了，大的洞大猫能够过去，那小猫也能过去，何必再凿一个洞呢！"

牛顿这才明白过来,原来牛顿这时满脑子想着:两种东西不能同时占有同一个空间。所以,他才会认为大猫和小猫不能共用一个洞的。

在肯辛顿休养了一段时间后,牛顿的身体渐渐复原了,于是,他又回到了伦敦,来到了英国皇家学会。会员们看到牛顿健健康康地回来,都为之欢呼雀跃,整个会堂都响起了雷鸣般的掌声。这次会议开得很精彩,很有意义,这让牛顿非常满意。会后几天,他又去拜访了伦敦的几位故友,与他们闲聊时,他感觉很轻松、很愉快。

这样几天下来,牛顿感到太累了,令人惧怕的疾病再次袭来,他难受极了,不得不离开伦敦,再次回到肯辛顿。

从1月7日起到4月22日,由于疾病反复发作,牛顿不得不暂时辞去皇家学会会长之职,并且自那时起一直到他生命的最后一刻,他缺席会议比参加会议的次数还要多。

康迪特劝他不要走着去教堂,可牛顿回答说:"只有用腿,才能有腿。"康迪特还说他一直坚持学习和写作直至生命的最后一刻。

在牛顿临终前几天,他老家所在圣马丁教区的教区长扎查理·皮尔斯前来看望他。皮尔斯回忆说:

"我看见他还在写《古代王国年表》,他当时并没有戴眼镜,坐在离窗户很远的地方,桌子上有一大摞书,在纸上投下一道阴影。

"我走进房间,见到这一切便对他说:'爵士,您写东西的地方光线似乎不太好呀!'他回答说:'我有一点光就行了。'然后他告诉我说他在整理他的《年表》,准备付印,为此他将大部分手稿重写了一遍。

"他给我读了两三张写好的内容。我们在谈话中偶尔提到《年表》中的一些问题。

"我记得,他继续读下去,并谈论他所读的内容,在晚饭之前,谈了将近一小时。"

1726年暑期之后,牛顿只参加了皇家学会的四次会议和一次理事会。他所主持的最后一次会议是1727年3月2日,这次会议使他很兴奋,晚上便在伦敦住了下来。第二天,康迪特发现他的气色非常好,这是多年来不曾有过的。

由于次日紧张的会议以及频繁的探访,他那剧烈的咳嗽又复发了。他于3月4日回到了肯辛顿。康迪特派人请来为牛顿治病的两位著名医生米德和切斯尔登,诊断结果是牛顿患了膀胱结石,几乎没有康复的希望了。牛顿忍受着剧烈的疼痛,汗珠从脸上滚落下来。

1727年3月初,牛顿的病情恶化了,经医生诊断,还是膀胱结石。3月15日,他感觉好些了。18日晨,他可以阅读报纸并同医生正常交谈,但是当晚18时许,病情突然再次恶化,牛顿失去了知觉,再也没有醒过来。

1727年3月30日凌晨,一颗天才的头脑停止了运转,牛顿去世了,这时他已经84岁。

英国为牛顿举行了盛大的国葬。作为自然科学家,牛顿是享此殊荣的第一人。他的灵柩被安放在威斯敏斯特大教堂,这是英国历史上著名的艺术家、学者、政治家才有权享用的最后的归宿。

成千上万的普通市民、皇宫贵族都为之哭泣,他们涌上了街头、涌向教堂。

这个时候,法国启蒙思想家伏尔泰在英国考察,他被眼前的一幕深深感动了。他在日记中写道:

我看到英国悼念牛顿就像是悼念一位造福于民的国王。

我看到英国的大人物们都争着抬牛顿的灵柩。

伏尔泰也禁不住虔诚地从牛顿的桂冠上摘下一片叶子，作为永久珍藏的纪念。

牛顿去世后的第四年，他的亲戚出资在他的墓前修建了一座宏伟的巴洛克风格的纪念碑。上面的墓志铭这样写道：

这里安睡着艾萨克·牛顿爵士。他以超乎常人的智力及其所发明的数学方法，首次证明了行星的运动与形状、彗星的轨道和海洋的潮汐，他研究了光线的不同折射率，以及由此产生的颜色的性质，这些是别人想都没有想到的。

对于自然、历史和圣经，他是一个勤奋、敏锐而忠实的诠释者。他用他的哲学证明了上帝的威严，他度过的是一个真正清教徒的一生。所有活着的人都为曾经有这样一位伟人的存在而感到幸福。

艾萨克·牛顿爵士生于1643年1月4日，卒于1727年3月30日。

牛顿的去世引起了人们极大的关注，各种报纸争相报道这一消息。3月的《大不列颠政治状况》用3版的篇幅高度赞扬牛顿，充分概括了牛顿在英国学术界的地位，称他为"最伟大的哲学家，是英国的骄傲"。

而由詹姆斯·汤姆森所写的"纪念艾萨克·牛顿爵士的诗"在年底之前就印刷了5版。曾授予他爵士头衔的国家，在他死后给予了他更大的荣誉。

终生维护宗教信仰

牛顿家庭的基督教信仰气氛极浓,他的继父和舅父都是牧师,抚养他长大的外祖母和母亲都是虔诚的基督徒。他们送他上剑桥大学的目的,是希望他将来做牧师。

因此,他在科学研究里,处处协调科学与神学的关系,他说:"从事物的表象来论神,无疑是自然哲学分内的事。""只有在科学里揭示和发现神对万物的最智慧和最巧妙的安排,以及最终的原因,才对神有所认识。"

1678年,牛顿在剑桥毕业时,按照当时的规定,是必须接受神职的。但是,牛顿却公开声明,为了更好地"侍奉上帝",他将不接受神职,而代之以自然哲学的研究来证明上帝的存在,从而赢得了英王查理二世的特许。

牛顿作为一位虔诚的基督徒,很早就在他的自然科学研究上处处刻上了神的印记。

牛顿在研究自然科学的过程中,曾遇到许多令他困惑不解的问题。其中一个重要的问题是,使天体产生原始速度的原始动力到底是什么呢？牛顿很难作出回答，就当时的科技发展水平来说，也很难给出答案。

于是，牛顿便开始向神求助，他认为："是神创造了世界，大自然是神的一件手工艺品。"

牛顿在他的《原理》一书中写道：

各种自然事物，也只是发源于神的意志之中。

在《光学》一书中，牛顿描写了神伟大的一面，其中有一段这样写道："它没有真正的实体，却仍然生活着，它有无所不在的智慧。"

牛顿也曾对一位牧师讲道："是神赋予了行星运动的第一动力。"为了使这种理论更有说服力，牛顿运用科学的缜密思维钻研了神学。

哲学家罗克给予他很高的评价，认为他在科学上是巨人，在宗教研究上也是一位能手。

牛顿虽然在科学上做出了巨大的贡献，但他总结了科学的发展规律后认为，人类理性的能力有限，不能包容一切经验，所以他开始相信《圣经》中的预言。

牛顿年轻时，曾怀疑高级生命的存在，但自从他精密研究和考察奇妙的宇宙构造后，便深深地感到创造宇宙者的伟大，实在不可测度。他虽然是举世闻名的大科学家，却自认为对宇宙的奥秘所知有限，几如沧海一粟。

牛顿认为，在没有物质的地方有什么存在呢？太阳与行星的引力从何而来呢？宇宙万物为什么井然有序呢？行星的作用是什么？动物的眼睛是根据光学原理设计的吗？岂不是宇宙间有一位造物主吗？虽然科学未能使我们立刻明白万物的起源，但这些都引导我们归向万有的神面前。

论到天体的构造与运行，牛顿严正地表示：

"从诸天文系的奇妙安排，我们不能不承认这必是全知全能的高级生命的作为。宇宙间一切有机无机的万象万物，都是从永生真神的智慧大能而来；他是充满万有，全知全能的；他在这无边无量、井然有序的大千世界中，凭其旨意，创造万物，运行万物，并将生命、气息、万物赐给人类；我们的生活、动作、存留，都在乎他。宇宙万物，必有一位全能的神在掌管统治。在望远镜的末端，我看到了神的踪迹。

"毫无疑问，我们所看到的这个世界，其中各种事物是绚烂多彩的，各种运动是如此错综复杂，它不是出于别的，而只能出于指导和主宰万物的神的自由意志。"

牛顿认为："我们应该更进一步去欣赏这大自然的美，并使自己陶醉于快乐的深思之中，从而更加深刻地激起我们对伟大的创世主和万物主宰的敬爱和崇拜的心情，这才是哲学的最优美和最有价值的果实。

"如果有谁从事物的这些最明智最完善的设计中看不到全能创世主的无穷智慧和善良意志，那么他一定是个瞎子，而如果拒绝承认这些，那他一定是一个毫无感情的疯人。"

牛顿毕生的主要精力用于对精神世界的探索，视科学为余事。他在谈到自己的科学成就时说，他不过是在"追随神的思想"，"照神的思想去思想而已"。

牛顿有一位朋友，就是英国著名天文学家哈雷，他因推算出一颗彗星的轨道，这颗彗星后来被命名为哈雷彗星，他却不肯相信宇宙中一切的天体是神所创造的。

有一次，牛顿造了一个太阳系模型，中央是一个镀金的太阳，四围各大行星各按各的位置排列整齐，一拉曲柄，各星立即按自己的轨道和谐转动，非常形象和美妙。

一天，哈雷来访，见到这模型，玩弄了好久，惊叹叫好，立刻问这是谁造的。

牛顿回答说："没有人设计和制造这个模型，它只不过是偶然由各种材料凑巧碰在一起而形成的。"

哈雷说："无论如何必定有一人造它，并且是位天才的人。"

牛顿拍着哈雷的肩头说："这个模型虽然精巧，但比起真正的太阳系，实在算不得什么，你尚且相信一定有人制成它，难道比这个模型精巧亿万倍的太阳系，岂不是应该有全能的神，用高度智慧创造出来的？"

哈雷这才恍然大悟，也相信了有神存在。

牛顿临终前，面对着那些仰慕他智慧和称颂他伟大科学成就的人，谦虚地说："我的工作和神的伟大创造相比，我只是一个在海边拾取小石和贝壳的小孩子。真理浩瀚如海洋，远非我们所能尽窥。"

安葬在英国伦敦威斯敏斯特大教堂的牛顿的墓碑上，铭刻着他以哲学证明了全能神的伟大。

牛顿不但是一位伟大的科学家，而且是一位虔诚的宗教信徒，其研究宗教经典的浓厚兴趣绝不在科学以下。在他沉默的年代中，研究宗教经典所用的时间，远远超过研究科学所用的时间。

17世纪70年代末期，他开始撰写教会史，主要是4世纪和5世纪的历史，重复他对《启示录》的解释说明。

牛顿不仅仅在科学上的成就达到登峰造极的地步，而且对宗教经典的研究和认识，也令许许多多宗教学者大为惊奇。牛顿认为值得以生命作为资本投资在宗教经典研究上，他相信自己的劳苦不会付诸东流。

看了牛顿有关研究宗教经典著作的人，都确信他的信念是完全正确的。牛顿随着科学成就的增多、名气的提高，对神的信仰也更加虔诚。牛顿所信仰的神，是《圣经》所启示和记载的高级生命。

牛顿说："我们应当把神的话——《圣经》，看为至高无上的哲学。根据研究的结果，《圣经》记载是有证据的，实在远非世俗的历史所能比拟。"牛顿始终相信《圣经》中的预言，他说："《圣经》预言有许多可信的凭据。"

有人认为牛顿研究科学遇到无法解决的问题才转向神、转向宗教的。也有人以为牛顿后半生如不研究神学，则会在科学上取得更大的成绩，因此而为牛顿大为惋惜。

事实上没有任何科学家像牛顿那样取得那么大的成就，也没有任何科学家在《圣经》研究方面下这么大的功夫。说实话，世界上没有一个科学家有资格指责牛顿！

在哈雷博士走入宗教前的一天，他对牛顿讲了一番不信神的话，牛顿不留情面地加以斥责，正告他说："哈雷博士，我对你关于天文数理的高见，一向乐于接受，因为你是研究有素的，但你对宗教，最好不要随便发言，因为我知道你对此毫无研究，并且我敢断然地说，你根本是个门外汉。"

牛顿这样斥责他，是有重要理由的，因为哈雷正是一个宗教的盲目反对者。后来哈雷博士经过彻底而严谨的研究，也走入了宗教。

对于任何问题，照理必应先彻底研究，然后才能反对。牛顿的驳斥和见证，实在为一般盲目反对者的当头棒喝。

牛顿对中国的影响

　　牛顿的经典力学绝不只是影响了自然科学界、工业和技术界，更重要的是它唤醒了人们对科学真理的认知，从而推动了社会变革和人们的思想革命。

　　如同法国伏尔泰等人在18世纪宣传和普及牛顿物理学，从而推动了法国的启蒙运动一样，牛顿学说在中国的传播也为清末资产阶级改良派掀起社会改良运动提供了舆论准备。如果前者为众所周知，那后者就似乎鲜有所闻了。

　　1898年，变法运动的主将康有为、梁启超和谭嗣同等人，都无一例外地从牛顿学说中寻找维新变法的根据，尤其是牛顿在科学上的革新精神，鼓舞了清末那些希望变革社会的有志之士。

　　在1840年之前，欧洲文艺复兴运动以来的科学学说和科学思想，因为与圣经和神学相抵触而基本上未曾传入中国。明清之际虽有来华传教士参与中国历法编撰工作，但只是在不得已的情况下，才采用了开普勒或牛顿的一些天文数据。

　　在进入近代社会以后，哥白尼的太阳中心说、开普勒的椭圆轨道、牛顿的万有引力三者才光明正大地相继传入中国。

1859年刊行了3部和牛顿物理学关系密切的译著,一是李善兰和伟烈亚力合译的《谈天》,二是李善兰和艾约瑟合译的《重学》,三是李善兰和伟烈亚力合译的《代微积拾级》。这三本书原是欧美的科普著作或大学低年级的教科书,第一本译书主要讲述牛顿的万有引力概念及其定律,第二本译书介绍了牛顿的三大运动定律,第三本介绍了牛顿的微积分计算方法。

牛顿的光学实验和光学理论较为详细、准确地介绍到中国是1879年的事,这是通过赵元益和传教士金楷理合译英国物理学家丁铎尔的《光学》而完成的。可以说,1859年,是牛顿的物理学、天文学、数学比较全面、集中地传播到中国的一年,中国学者李善兰为此做出了杰出的贡献。

早期牛顿的中译名为"奈端",力学译为"重学",万有引力译为"摄力"。李善兰在译《重学》之前曾请教传教士艾约瑟"何谓重学"。艾约瑟答曰:"几何者,度量之学也;重学者,权衡之学也。昔我西国,以权衡之学制器,以度量之学考天;今之制器考天,皆用重学也。故重学不可不知也。"

李善兰通过译书,极大地提高了自己的科学水平,甚至超过了许多传教士。他在《重学》自序中简洁地总结了牛顿的三大运动定律,就是一个例证。

在《谈天·序》中,李善兰指出,古希腊托勒密的学说和天地运动不能尽合。李善兰指出:开普勒求其故,则知五星与月之道皆为椭圆。其法行面积与时恒有比例也。然仅知当然而未知所以然。奈端求其故,则以为皆重学之理也。

接着,李善兰简略地叙述了牛顿怎样以"摄力"解释和计算天体的运动，并且大声疾呼：牛顿的运动定律定论如山，不可移矣。牛顿的万有引力理论精深神妙，不可改也。牛顿的物理学和天文学就这样在中国学者之间流传了。

由于明末清初来华传教士传入中国的宇宙观主要是附属于神学的托勒密地心说。后来，这些教士为了向中国皇宫和中国人交出一份较中国传统更为准确的历法，才不得不采用开普勒的椭圆轨道和等面积定律。但是，他们绝不放弃地心说，拒绝将地球放在椭圆的一个焦点上。这样，就在中国学术界曾一度引发了关于宇宙观的激烈争论。

通过李善兰等学者翻译并出版上述三书，尤其是李善兰在序言中对于近代科学的宇宙观发出不可更改的呐喊，并且声称自己"主地动及椭圆之说"，又告诉读者，此二者之故不明，则此书不能读，这才使近代科学的宇宙观得以在中国传播开来，中国传统的盖天说、浑天说，来自西方的神化了的地心说等从此才烟消云散。

李善兰的《谈天·序》是当时中国一批先进学者接受新的科学宇宙观的宣言书，成为中国人从传统宇宙观向科学宇宙观转变的一块历史界标。

因此，李善兰出版《谈天·序》的1859年，是中国人宇宙观发生根本转变的标志性的一年。李善兰本人在译完《谈天》之后，也曾兴奋地预料这种转变，他说："此书一出，海内谈天者，必将奉为宗师。"

《谈天》出版之后，引起了中国人的极大反响，以致该书前后重印了13次，之后又以活字印刷。1874年又由徐建寅将那些迄1871年为止的西方天文、物理最新成就作了补充，由江南制造局增订出版。

梁启超称《谈天》最精善。他认为，人每日居天地间而不知天地做何状，是谓大陋，因此，《谈天》一书不可不急读。

《谈天》和《重学》两书中述及的科学思想和宇宙观不久为青年学生熟练掌握。上海格致学院1889年春季考课作文中，孙维新、车善至、钟天纬3人的答卷将新宇宙观描述得清晰明了，以致他们3人分获一、二、三名。在戊戌维新运动、辛亥革命过程中，这个科学的新宇宙观曾被人们当作变革社会的鼓舞力量。

在戊戌变法之前，各地相继成立学会。他们聚徒讲学，介绍西学，倡导新说，给维新变法运动提供包括自然科学方面的理论根据。

曾经游历英国并精通西洋科学的王韬，撰有介绍牛顿学说的《西国天学源流》和《重学浅说》。历史学家范文澜在其著《中国近代史》中说，王韬著书多种，对变法运动有很大影响。

梁启超在1897年用半年时间读完了当时各地译出的西书，其中包括有关牛顿学说的各种著作。

在一部以收集支持变法维新的论著为己任的《皇朝蓄艾文编》里，宋育仁作《序》说："昔人云通天、地、人谓之儒。由汉迄今，实践无愧者，颇难其人；唯泰西名家，如培根、奈端、兰麻克、哥白尼辈，各以颖悟辟新理，卓然名某家者，稍稍近似。岂西人智而华人愚耶！"既然不是"西人智而华人愚"，在维新变法者心中，自然只有"除旧布新"。正如一百零三天的维新运动所颁布的命令一样：废八股、办学堂、奖励新著作、新发明、广开言路、提倡实业、准许私人办厂等。

在维新派与顽固派斗争激烈的湖南，力主变法的皮锡瑞在谭嗣同创办的南学会讲学，而他的儿子、一个在哥白尼和牛顿学说影响下的年轻人，旋即著《醒世歌》："若把地球来参详，中国并不在中央。"换句话说,大清帝国不在地中央,地不在天中央。日月五行都依据万有引力定律在宇宙太空中绕日做椭圆轨道运动。这在封建王朝的统治者和顽固派看来是多么可怕的世界观呀!难怪《醒世歌》一传开,就招来了许多训斥。

"戊戌六君子"之一的谭嗣同奋笔疾书写了一篇维新运动的激烈的宣言书《仁学》,他在"自叙"中高声疾呼"吾将哀号流涕,强聒不舍","冲决君主之网罗,冲决伦常之网罗,冲决天之网罗"。曾经积极推行维新变法的梁启超概括《仁学》的实质说:"《仁学》内容之精神,大略如是。英奈端倡'打破偶像'之论,遂启近代科学;嗣同之'冲决网罗',正其义也。"

康有为在《康南海自编年谱》中自称"大购西书,大讲西学","大攻西学书,声、光、化、电、重学……专精学问,新识深思,妙悟精理,俯读仰思,日新大进"。他在《诸天讲》中又写道:"至康熙时,1868年,英人奈端发明重力相引、游星公转互引,皆由吸拒力。自是天文益易明而有所入焉。奈端之功以配享哥白尼可也,故吾最敬哥、奈二子。"可见康有为对牛顿之推崇,并受牛顿学说影响之深。

可是,戊戌变法运动只有短命的一百零三天,它的失败当然不能归结为宣传牛顿科学理论的不成功,其中的原因是相当复杂的。

牛顿的科学理论不仅影响了法国18世纪的资产阶级革命,也影响了19世纪和20世纪之交的中国社会变革,对此牛顿本人是绝不可能预料到的。

在戊戌变法失败后的十几年,领导辛亥革命的孙中山先生,在青年时代,顽强地学习,获得了大量而又系统的自然科学知识,其中包括达尔文的进化论和牛顿的万有引力学说。

孙中山先生高度地评价牛顿："达尔文发明物种进化之理，而学者多称之为时间之大发明，与牛顿氏之摄力为空间之大发明相媲美。"他还把牛顿的科学理论作为他的"建国方略之一、心理建设"的一个思想基础。

牛顿"见苹果落地"这个故事，据说最初是由伏尔泰编撰的。它流传如此久远，影响如此深刻，而对青少年启迪智力如此有效，是伏尔泰当初为普及牛顿力学所始料未及的。

严肃的科学家时有为苹果落地的故事而担心。其实亦不然，只要言者在讲述该故事的同时说明科学创造与科学发明是需要付出巨大艰辛的心力即可。否则，苹果落地变为守株待兔那才可悲。

这个生动的故事是于1891年传播到中国的。其时，任京师同文馆，也就是北京大学前身总教习的美国教士丁韪良在其著《西学考略》中，第一次用中文撰述了这个故事。可见，该故事也在中国传播了一百多年。

附：年谱

1643年1月4日，艾萨克·牛顿出生于英国伍尔索普村。

1655年，牛顿开始上格兰瑟姆文法学校。

1661年6月15日，牛顿进入剑桥大学三一学院学习。

1664年，牛顿开始进行光的实验。

1665年，牛顿发现著名的二项式定理。

1666年，牛顿在引力定律方面取得了重大突破。

1667年，牛顿回剑桥后当选为剑桥大学三一学院院委，次年获硕士学位。

1668年，牛顿制成反射式望远镜。

1669年7月，牛顿作品《分析论》开始发行；任卢卡斯讲座数学教授。

1670—1671年，牛顿著《级数和流数方法论著》；他把经过改进的反射式望远镜献给了皇家学会，并被选为皇家学会会员。

1672年1月，牛顿当选为皇家学会会员，宣读《关于光和颜色的理论》的论文。

1673 年，牛顿向皇家学会递交了关于光的一篇论文，后来他又递交过第二篇论文。

1677 年，牛顿研究月球轨道和行星轨道问题。

1679 年，牛顿与胡克进行了关于引力问题的交流。

1684 年，牛顿开始撰写《自然哲学之数学原理》，该书通称为《原理》。

1685 年，哈雷登门拜访牛顿时，牛顿已经发现了万有引力定律。

1696 年，牛顿任皇家造币局监督，并移居伦敦。

1701 年，牛顿被选为代表剑桥大学的英国下议院议员。

1704 年，牛顿发表《三次曲线枚举》《利用无穷级数求曲线的面积和长度》《流数法》，同时有关光的研究的著作《光学》出版。

1705 年，牛顿被安娜女王封为爵士，成为第一位获此殊荣的科学家。

1711 年，牛顿发表《使用级数、流数等等的分析》。

1716 年，牛顿发表《流数法和无穷级数》。

1727 年 3 月 30 日，牛顿爵士逝世，享年 84 岁。